MAKARIUS,
DAS THOMASEVANGELIUM
UND DAS LIED VON DER PERLE

SUPPLEMENTS

TO

NOVUM TESTAMENTUM

VOLUME XV

LEIDEN
E. J. BRILL
1967

MAKARIUS,
DAS THOMASEVANGELIUM
UND
DAS LIED VON DER PERLE

VON

G. QUISPEL

LEIDEN
E. J. BRILL
1967

INHALTSVERZEICHNIS

VORWORT

Dieses Buch wurde geschrieben mit Unterstützung durch die Bollingen Foundation in New York. Prof. H. Teesing und K. E. Hesser haben das Deutsch korrigiert: für alle noch gebliebenen Fehler bin ich verantwortlich. Prof. W. C. v. Unnik hat den Text gelesen und das Buch in die Schriftenreihe von Novum Testamentum aufgenommen. Prof. J. W. Doeve hat die Zitaten aus der jüdischen Literatur nachgeprüft. Drs. J. v. Amersfoort hat die Indizes hergestellt und Fräulein L. Rozendaal hat das Manuskript mit der Schreibmaschine geschrieben. Ihnen allen sei an dieser Stelle herzlicher Dank gesagt.

I

EINFÜHRUNG

Makarius und Dionysius Areopagita: unter diesen beiden Namen lässt sich die Geschichte der christlichen Mystik zusammenfassen. Dionysius hat im Abendland eigentlich nur den Katholizismus beeinflusst, hauptsächlich im Mittelalter, seit Johannes Scotus Eriugena zur Zeit Karls des Kahlen seine Schriften ins Lateinische übersetzt hatte. Die Reformatoren haben ihn nachdrücklich abgelehnt; und dabei ist es im Protestantismus im grossen und ganzen geblieben.[1] Dagegen hat der Pietismus Makarius gerne aufgenommen. Nicht nur Gottfried Arnold und John Wesley, der Begründer des angelsächsischen Methodismus, sondern auch ein Vorläufer des Pietismus wie Johann Arndt in seinem ,,Wahren Christentum'' haben sich von Makarius beeinflussen lassen. Man darf wohl sagen, dass Makarius der grosse Heilige des Pietismus geworden ist. Auf diese Weise hat er indirekt für die heutige Welt eine grosse Bedeutung. Denn der moderne Begriff der Persönlichkeit setzt den Individualismus, die Subjektivität und die Innerlichkeit voraus, welche der Pietismus gepflegt hat und welche auch bei Makarius zu finden sind.[2] Wer die fünfzig Homilien des Makarius liest, die allein den Pietisten bekannt waren, verwundert sich nicht, dass diese Schriften gerade in jenen Kreisen so stark gewirkt haben.[3] Denn diese Homilien stehen den Schriften der Pietisten – auch der niederländischen, wie Voetius!– sehr nahe. Makarius kümmert sich nicht sehr um die Lehre, obwohl

---

[1] R. J. Mooi, *Het kerk- en dogmahistorisch element in de werken van Johannes Calvijn*, Wageningen 1965, S. 65, 117.

[2] E. Benz, *Die protestantische Thebais*, Wiesbaden 1963.

[3] H. Dörries u. andere, *Die 50 Geistlichen Homilien des Makarios*, Berlin 1964.

Hinzu kommen: *Neue Homilien des Makarius-Symeon*, herausgegeben von E. Klostermann und H. Berthold, Berlin 1961 (zitiert III).

Unveröffentlichte Homilien bei:

H. Dörries, *Symeon von Mesopotamien*, Leipzig 1941.

G. L. Marriott, *Macarii Anecdota*, Seven unpublished Homilies of Macarius, Cambridge (Mass.) 1918.

Deutsche Übersetzung:

Dionys Stiefenhofer, *Des Heiligen Makarius des Ägypters fünfzig geistliche Homilien*, Kempten und Muenchen 1913.

er dogmatisch korrekt bleibt, sondern betont die religiöse Erfahrung, die Wirkung des Geistes in der Seele des Einzelnen, die Aufdeckung des abgründig Bösen in der eigenen Brust und die frohe Gewissheit der Erleuchtung und Befreiung. Kein Wunder, dass ein Gottfried Arnold meinte, in diesen Homilien das echte Urchristentum wiedergefunden zu haben.

Man hat damals angenommen, dass jener Makarius, der als Autor dieser Homilien angegeben wird, mit dem ägyptischen Wüstenvater Makarius identisch sei. In unserem Jahrhundert hat man aber festgestellt, dass diese Schriften in Zusammenhang stehen mit der syrischen Sekte der Messalianer (Beter) aus dem vierten Jahrhundert.[1] Dörries meint sogar, dass einer der Führer der Messalianer, Symeon von Mesopotamien, der eigentliche Autor dieser Homilien sei.

Man kann verstehen, dass diese wissenschaftliche Entdeckung nicht von allen mit Jubel begrüsst wurde; denn Makarius hat die Mystik der griechisch-orthodoxen Kirche tief beeinflusst. Schon im fünften Jahrhundert hat sich Diadochus von Photize mit ihm auseinandergesetzt.[2] Um 1000 nach Christus hat er dann Symeon den Neuen Theologen beeinflusst (Catechese 34).[3] Noch heute müssen ihn griechische Mönche vor ihrer Ordination lesen. Seit der Synode von Side (± 390) aber hat die Kirche die Messalianer wiederholt als Ketzer verurteilt.[4] Makarius wäre demnach ein Ketzer, und dieser Ketzer hätte dann die Orthodoxie tiefgehend in ihrer Spiritualität beeinflusst!

Werner Jaeger hat dem widersprochen.[5] Er entdeckte die vollständige Fassung der Schrift *De Instituto Christiano* von Gregor von Nyssa. Diese Darstellung vom Ziel und Zweck des Mönchtums verglich er mit dem bisher unveröffentlichten *Grossen Brief* des Makarius, der teilweise wörtliche Übereinstimmungen mit Gregors Ausführungen zeigt. Daraus schloss Jaeger, das Makarius von Gregor abhängig war. Nicht nur der *Grosse Brief*, sondern auch die *Homilien* sollten ein Abklatsch der Ideen Gregors, ein wenig ins Sentimentale

---

[1] Literatur und gehässige Kritik bei:
Louis Bouyer, *La spiritualité du Nouveau Testament et des Pères*, Paris 1960, S. 445.
[2] H. Dörries, *Wort und Stunde*, I, Göttingen 1966, S. 352-422.
[3] B. Krivochéine, *Symeon le Nouveau Théologien*, Sources Chrétiennes 96, Paris 1963, S. 39.
[4] K. Holl, *Amphilochius von Ikonium*, Tübingen-Leipzig 1904, S. 38.
[5] *Two Rediscovered Works of Ancient Christian Literature*: Gregory of Nyssa and Macarius, Leiden 1954.

gewendet, sein. Aus dieser Abhängigkeit wiederum schloss Jaeger,
dass Makarius mit dem Messalianismus nichts zu tun hatte. Er zeigte
vielmehr, wie sehr der durchaus hellenistische Gregor sogar auf das
semitische Syrien gewirkt hat. Man wird es einem grossen Gelehrten
verzeihen, wenn er den Einfluss eines seiner geliebten Griechen über-
schätzt und die Bedeutung des semitischen Christentums unterschätzt hat. Aber es steht heute wohl fest, dass Jaeger sich geirrt hat.
In *De Instituto Christiano* benutzt Gregor sehr abweichende Schriftzitate, welche sich wohl in dem *Grossen Brief* und den andern Schriften des Makarius, nicht aber in den übrigen Werken Gregors finden.[1]
Diese Schriftzitate beweisen ihre syrische Herkunft dadurch, dass
sie sich auch in andern syrischen Schriften, dem *Thomasevangelium*,
den *Pseudoklementinen* und der *Didaskalie* finden (die *Didaskalie*
wird wohl, wie ihr Herausgeber Achelis annimmt, in Beroea (Aleppo)
geschrieben sein). Das ist verständlich bei einem syrischen Autor,
wie es Makarius war. Nicht aber lassen sich solche Zitate erklären
bei Hellenisten wie etwa Gregor von Nyssa, vor allem wenn sie sich
nur in einer Schrift – *De Instituto Christiano* – finden. Dass Gregor
in seinen Schriftzitaten sonst auch sogar ,,westliche'' Lesarten kennt,
hilft uns nicht weiter. Es handelt sich nämlich nicht um ,,westliche''
Lesarten, sondern um durchaus apokryphe, syrische Tradition. So
muss man schliessen, dass Gregor von Nyssa in seiner Schrift *De
Instituto Christiano* den *Grossen Brief* des Makarius weitgehend abgeschrieben hat. Das bedeutet allerdings, dass der *Grosse Brief* des
Makarius vor 394, dem Todesjahr des Gregor von Nyssa, geschrieben
worden ist. Auch für die 50 *Homilien* und die 28 neuerdings bekannt
gewordenen *Neuen Homilien* kann dies ohne Bedenken angenommen
werden. Nun kann allerdings für den, der das messalianische, syrische
Liber Graduum gelesen hat, und auch die Berichte der Kirchenväter
über den Messalianismus, welche Kmosko seiner Ausgabe des *Liber
Graduum* beigegeben hat, kein Zweifel bestehen, dass Makarius Verbindungen mit dem Messalianismus hatte und dass seine Werke auch
von den Messalianern als für sie charakteristisch betrachtet wurden.[2]
Im dogmatischen Sinne ist also Makarius ein Ketzer. Aber was soll

---

[1] G. Quispel, *The Syrian Thomas and the Syrian Macarius*, Vigiliae
Christianae, 18, 4, 1964, S. 226-235.
  Dom Aelred Baker, *The Great Letter of Pseudo-Macarius and Gregory of
Nyssa*, Studia Monastica, VI, 2, 1964, S. 381-387. id., *Pseudo-Macarius and
Gregory of Nyssa*, V.C. 20, 4, 1966, S. 227-234.
[2] M. Kmosko, *Liber Graduum*, Patrologia Syriaca, I, 3, Paris 1926.

das heissen? Zu seiner Zeit waren die Messalianer von der Kirche noch nicht verurteilt. Dies geschah erst auf der Synode von Side (± 390), und zwar durch einige griechische Bischöfe unter Führung des Amphilochius von Ikonium, welche beunruhigt waren über das Eindringen der Messalianer in ihre Bistümer von Syrien und Mesopotamien aus. Sind die Messalianer auch in Edessa, dem dauernden Zentrum des syrischen Christentums, verurteilt worden? Davon wissen wir nichts. Und kann dann der Beschluss einiger griechischer Bischöfe für die Beurteilung eines grossen Mystikers wie Makarius massgeblich sein? Wenn überhaupt, dann gilt hier, dass die Kategorie der Häresie kein nützliches Instrument der historischen Forschung ist. Um Makarius zu verstehen, muss man von der Frage abstrahieren, ob er und die Messalianer Häretiker waren oder nicht. Dann erst sieht man, was er wirklich war: der eindrucksvolle Zeuge einer Spiritualität, welche in Syrien seit Jahrhunderten heimisch war und sich abseits vom Katholizismus selbständig entwickelt hat.

II

DIE EIGENART DES SYRISCHEN CHRISTENTUMS

Das syrische Christentum hatte von Anfang an ein anderes Gepräge als das römische oder das griechische Christentum.[1] Rom erstrebte die Erfüllung des Gesetzes, in der Kirche und bald auch im Staate. Es brachte ein Papsttum hervor, das die Weltherrschaft beanspruchte. Für Spekulationen in der Theologie hatte es kein Organ, um so mehr liebte es die Ordnung. Das ist schon deshalb verständlich, weil es dem Römer ja bereits vor dem Christentum um Gesetz und Herrschaft zu tun war.

Der hellenistische Christ denkt über den Logos nach, der für ihn die Synthese von Sein und Zeit ist. Wenn er das Dogma formuliert, greift er nach den vertrauten Worten: Wesen und Seinsweise, Natur und Person. Das Entscheidende in den dogmatischen Kämpfen ist für ihn, dass der Christus nicht eine ethische, sondern eine wesentliche, ontische Einheit mit Gott hat. Das griechische Christentum ist ontologisch, weil die Griechen schon vor dem Christentum die Ontologie entdeckt hatten.

Das syrische Christentum ist ein Weg, ein Weg zum Ende hin: Ἡ ὁδὸς τοῦ χριστιανισμοῦ, wie Makarius so bezeichnend sagt.[2] Der syrische Christ ist der axnaja, der Pilger und Wanderer, welcher Besitz und Ehe aufgegeben hat.

Das hat seinen Ursprung darin, dass das Christentum des semitischen Ostens judenchristlicher Herkunft ist. Die Tradition sagt, dass der jüdische Christ Addai aus Jerusalem nach Edessa gekommen ist, um die Frohbotschaft zu predigen. Auch wenn das eine Legende ist, so wird doch heute allgemein angenommen, dass es jüdische Christen waren, die das Christentum nach Edessa brachten, vielleicht schon im ersten nachchristlichen Jahrhundert.[3] Daraus entstand ein semitisches Christentum, das sich später als Nestorianismus bis nach China und India ausbreitete, stets das Syrische als liturgische Sprache

---

[1] A. Böhlig, *Der Christliche Orient als weltgeschichtliches Problem*, Zeitschrift für Religions- und Geistesgeschichte, XVII, 2, 1965, S. 97-114.

[2] III, 23, Klostermann p. 125, 23.

[3] Ortiz de Urbina, *Patrologia Syriaca*, Rom 1958, S. 13.

beibehielt und sein Zentrum in Mesopotamien hatte.[1] Dieses semitische Christentum steht von Anfang an vollwertig und unabhängig neben dem griechischen und dem lateinischen Christentum. In ihm, dem Christentum der Armen und Wanderer, lebt die eschatologische Unruhe des jüdischen Geistes weiter.

Aber das ist nicht die einzige Komponente des syrischen Christentums. Als Tatian der „Assyrer" gegen Ende seines Lebens in seine östliche Heimat, wohl Adiabene, zurückkehrte (es mag um 170 n. Chr. gewesen sein), war er Enkratit, d.h. gehörte er zu jener Strömung innerhalb der Christenheit, welche sich der Ehe, des Weingenusses und des Fleischessens enthielt und alsbald im Westen als häretische Sekte aus der Kirche vertrieben wurde. Die Syrer in Mesopotamien und dem semitischen Osten haben Tatian so freundlich aufgenommen, dass sie sogar sein *Diatessaron*, eine Evangelienharmonie, die er wohl in syrischer Sprache verfasste, als Heilige Schrift zur Lesung in den Gottesdiensten rezipierten. Kein syrischer Schriftsteller auch nicht aus späteren Zeiten, sagt je, dass Tatian ein Häretiker gewesen sei, es sei denn, dass er griechische Quellen abschrieb.[2] Und doch enthielt das *Diatessaron* Tatians tendenziöse, enkratitische Varianten.[3]

Ich kann das nur so erklären, dass es schon vor Tatian im semitischen Osten Enkratiten gab. Und in der Tat ist das *Thomasevangelium*, um 140 in Edessa geschrieben, meiner Auffassung nach enkratitisch: lehrt es doch, dass *nur* die Unverheirateten selig werden können (Logion 75).

Dass es in Edessa Enkratiten gegeben hat, zeigen auch die *Thomasakten*, die dort um 225 nach Christus entstanden sind und die Ehescheidung oder Verzicht auf die Ehe als die wichtigste christliche Lehre verkünden. Woher diese Enkratiten gekommen sind, ist nicht mit Sicherheit auszumachen. Die *Thomasakten* zeigen Verbindungen mit den übrigen, enkratitischen *Apostelakten*, welche im römischen Reich umliefen, vor allem Verbindungen mit den *Petrusakten*, welche wohl in Antiochien entstanden sind.[4] Tatian stand natürlich in Kon-

---

[1] Bertold Spuler, Handbuch der Orientalistik, I, VIII, 2, Leiden 1961, S. 120-239.

[2] Martin Elze, *Tatian und seine Theologie*, Göttingen 1960, S. 121.

[3] G. Quispel, *Der Heliand und das Thomasevangelium*, V.C., XVI, 3-4, 1962, S. 134.

[4] A. F. J. Klijn, *The Acts of Thomas*, Leiden 1962, S. 22-26.

takt mit den enkratitischen Gruppen im Westen, auch als er in den Orient zurückgekehrt war.

Das *Thomasevangelium* enthält Sprüche aus dem Ägypterevangelium (L. 22, L. 37, L. 101) und hat vieles gemein mit den Ansichten derjenigen Enkratiten, welche von Clemens von Alexandrien im dritten Buch seiner *Stromateis* bekämpft werden.

Die Enkratiten sind also aus dem Westen nach Edessa gekommen, und zwar schon sehr früh. Dort trafen sie auf jüdische Christen, welche aus Palästina ihre eigene, unabhängige Evangelientradition mitgebracht hatten. Und so erklärt es sich, dass das *Thomasevangelium*, eine enkratitische Schrift, teilweise eine judenchristliche Tradition enthält. So wird aber auch deutlich, warum das *Diatessaron* Tatians nicht nur eine Harmonie der vier kanonischen Evangelien ist, sondern auch ausserkanonische, judenchristliche Varianten enthält.[1] ,,Thomas'' und Tatian hatten eine gemeinsame, judenchristliche Quelle: weil noch Aphraates und das *Liber Graduum* im 4. Jahrhundert das *Hebräerevangelium* zitieren, ist dies wohl von Anfang an im semitischen Osten bekannt gewesen und hat als Quelle für das *Thomasevangelium* und das *Diatessaron* gedient.[2]

Der Katholizismus ist erst spät nach Edessa gekommen. Ob Palut der erste in Antiochien ordinierte Bischof Edessas gewesen ist (± 200), bleibt fraglich.[3] Wie sich der Übergang von Enkratismus zur Kirchlichkeit vollzogen hat, wissen wir nicht.

Aber sicher ist, dass im vierten Jahrhundert die Enkratiten noch zur katholischen Kirche gehören.

Denn Makarius und das *Liber Graduum* sind im 4. Jahrhundert Erben der syrischen Enkratiten aus dem zweiten Jahrhundert. Das *Liber Graduum* kennt die *Thomasakten*.[4] Wie später noch darzustellen ist, kennen sowohl Makarius wie das *Liber Graduum* das *Thomasevangelium*. Diese glauben noch immer, dass nur der Unverheiratete selig werden kann. Ihre Arbeiten zeigen, dass im Osten eine ungebrochene, enkratitische Tradition bestanden hat, vom Anfang des zweiten bis zum Ende des vierten Jahrhunderts.

Und doch gehören sowohl Makarius als auch der Autor des *Liber*

---

[1] G. Quispel, *L'Évangile selon Thomas et le Diatessaron*, V.C., XIII, 2, 1959, S. 96-117.
[2] G. Quispel, *The Gospel of Thomas and the Gospel of the Hebrews*, New Testament Studies, 12, 1966, S. 371-382.
[3] W. Bauer, *Rechtgläubigkeit und Ketzerei*, Tübingen 1934, S. 6-48.
[4] Kmosko, *Liber Graduum*, S. CLXVII.

Graduum zur katholischen Kirche. Letzterer spricht das auch ganz offen aus: ab ecclesia catholica procedit tota cognitio veritatis.[1] Makarius ist kritischer; er weiss von Priestern, welche die Pneumatiker verfolgen, er rügt die äusserlichen Gebärden beim Beten und polemisiert gegen kirchliche Mönche, welche sich nicht der Innerlichkeit befleissigen wollen.[2]

Aber das zeigt doch nur, dass seine Richtung, der Messalianismus, eben eine Richtung innerhalb der Kirche war. Auch seine Geistesverwandten kritisiert Makarius nicht selten. Nichts weist darauf hin, dass er aus der Kirche ausgeschlossen wurde oder gar selbst austrat. Im Gegenteil, er rügt die Pneumatiker, welche sich den Bischöfen überlegen glauben.[3]

Daneben muss es in Syrien nun auch eine Richtung gegeben haben, welche nicht enkratitisch war. Das zeigen etwa die *Didaskalie* und etwas später Aphraates und Ephrem Syrus. Sie beweisen, dass es dann doch in Syrien eine katholische Kirche gegeben hat, welche zwar nicht sehr am griechischen Dogma interessiert war, aber doch Wert auf ihre Orthodoxie legte und gegebenenfalls – so etwa Ephrem Syrus – die Ketzer, das heisst die Marcioniten, die Manichäer und die Bardesaniten, bekämpfte.

Es ist uns keine syrische Schrift aus den ersten vier Jahrhunderten bekannt, welche die Enkratiten bekämpft. Sie wurden offenbar als gute, orthodoxe Christen betrachtet.

Das bedeutet: zwei Jahrhunderte lang hat im Bereich des syrischen Christentums eine Gruppe zur katholischen Kirche gehört, welche nach westlichen Massstäben häretisch war, aber eine Spiritualität erzeugt hat, welche sowohl die griechische als auch die westliche, römische und protestantische, Kirche tief beeinflusst hat.

---

[1] *Liber Graduum*, 27, 5, Kmosko S. 779.
[2] Dörries, *Symeon*, S. 54, 211, 110.
[3] Dörries, *Symeon*, S. 221.

III

MAKARIUS UND DAS JÜDISCHE CHRISTENTUM

a. Der beste Beweis dafür, dass Makarius vom Syrischen und Judenchristlichen her zu verstehen ist und sich von der griechischen Theologie grundlegend unterscheidet, liegt in der Tatsache, dass er den Heiligen Geist immer wieder als Mutter darstellt, ,,die himmlische Mutter, der Heilige Geist'', wie er sich ausdrückt (III, 27, 4).

Das ist sehr eindrucksvoll.

,,Ohne Mutter wird kein Sohn erzeugt und ohne Gemeinschaft wird kein Kind geboren. So kann ein Mensch auch nicht ohne die Erzeugung aus dem Geiste ein Sohn Gottes werden, und wenn er kein Sohn Gottes ist, geht er nicht ein in das ewige Leben'' (III, 8, 1).

,,Die Vogelmutter fliegt herum und bringt ihren Jungen köstliche Nahrung, wie sie sie brauchen, weil sie noch ganz jung sind. Mit der Zeit, wenn die Jungen etwas älter sind, bringt sie ihnen festere Speise.

Wenn die Flügel gewachsen sind, lehrt sie sie allmählich sich im Fliegen in der Luft zu üben, erst um das Nest herum, dann von Zweig zu Zweig, dann ein wenig weiter.... so auch die Kinder Gottes, welche der Heilige Geist erzeugt aus seiner eigenen Kraft'' (III, 16, 2).

Der Geist redet zu den Seinen wie eine Mutter stammelt zu ihren Kindern, welche noch nicht ihre Sprache reden können (III, 27, 1). Und das einzige, was ein Mensch für seine Erlösung tun kann, ist: schreien um seine Mutter, den Heiligen Geist, welche ihn in ihre Arme nimmt und ihm die Brust gibt (III, 27, 3).

Der Unterschied zur lateinischen und griechischen Auffassung der Trinität liegt auf der Hand.

Bedenken wir etwa den Unterschied zwischen Makarius und seinen Zeitgenossen Augustin und Basilius dem Grossen! Nach Augustin ist der Heilige Geist der Bindevokal der Liebe zwischen Vater und Sohn.[1] Nach Basilius geht der Geist aus vom Vater, der der *fons deitatis* ist.[2]

Aber was Makarius sagt, ist Syrisch.[3]

---

[1] M. Schmaus, *Die psychologische Trinitätslehre des Hl. Augustinus*, Münster 1927.

[2] H. Dörries, *De Spiritu Sancto*, Göttingen 1956.

[3] F. C. Burkitt, *Urchristentum im Orient*, Tübingen 1907, S. 58.

So sagt etwa Aphraates, Demonstratio 18, 10:

> „So lange der Mensch keine Frau nimmt, liebt und ehrt er Gott, seinen Vater, und den *Heiligen Geist, seine Mutter*, und er hat keine andere Liebe".

Das ist judenchristliches Erbe; denn im Hebräerevangelium, Fragment 3, sagt Jesus[1]:

> "Sogleich ergriff mich meine Mutter, der Heilige Geist, an einem meiner Haare und trug mich weg auf den grossen Berg Thabor."

Man sollte einmal erforschen, was die Zusammenhänge dieser judenchristlichen Auffassung mit der Exegese der Rabbiner sind, welche so oft die Erwähnung von Vater und Mutter in der Heiligen Schrift auf Gott und Israel bezogen.[2] Und von dieser jüdischen Exegese her wird man auch die bekannte Stelle im Epheserbrief (5, 31-32) verstehen müssen, wozu die Worte des Aphraates eine gute Parallele bieten, weil sie dieselben jüdischen Voraussetzungen haben. Paulus zitiert das Wort aus *Genesis* 2, 24 über das Verlassen von Vater und Mutter und bezieht es auf Christus. Der hat in der Tat seinen Vater verlassen, nämlich Gott. Und seine Mutter, nämlich den Heiligen Geist.

Daraus ersehen wir, dass die Spiritualität des Makarius eine sehr altertümliche und ungriechische Voraussetzung hat. Sie erfährt die Zärtlichkeit Gottes in mütterlichen Bildern.

b. Von Christus sagt Makarius, dass er sich sehr um uns bemüht (III, 16, 4: ὁ κεκοπιακὼς πολλὰ δι'ἡμᾶς). „Und all sein Mühen (κάματος) und Streben hatte den Zweck, aus sich selbst, aus seiner Natur Geisteskinder zu zeugen" (30, 2).

Das *Thomasevangelium* hat dem Gleichnis vom Hirten und den hundert Schafen eine bezeichnende Hinzufügung gegeben. Es sagt vom Hirten, der doch Christus bedeutet:

> Nachdem er sich *abgemüht* hatte, sagte er zu dem Schaf: „Ich liebe dich mehr als die neunundneunzig". (L. 107).

Es scheint, dass das eine typisch judenchristliche Erweiterung ist. Denn man muss vermuten, dass dieser Nachdruck auf die Mühen

---

[1] Zählung nach E. Klostermann, *Apocrypha* II, Berlin 1929.
[2] G. Scholem, *Von der mystischen Gestalt der Gottheit*, Zürich 1962, S. 141.

des Messias besonders bei den Judenchristen gefunden wurde. Der Judenchrist Symmachus hat Jes. 53, 3 (אִישׁ מַכְאֹבוֹת) nicht wörtlich übersetzt, sondern durch ἀνὴρ ἐπίπονος, der mit Mühsal beladene Mensch.[1] Und die pseudo-clementinischen *Homiliae*, III, 20, 1, sagen sogar, dass der Christus wegen seiner Mühen (διὰ τοῦς καμάτους) mit dem Erbarmen Gottes gesalbt worden ist und die ewige Ruhe empfangen hat.

Man kann nun sagen, dass Makarius das *Thomasevangelium* gelesen hat und deswegen so eindrücklich von den Mühen des Messias spricht (der Ausdruck scheint ganz singulär; er wird nicht leicht spontan entstanden sein).

Mir scheint es wahrscheinlicher zu sein, dass hier die Spuren einer alten Christologie bewahrt sind, welche auch im *Thomasevangelium* zu finden ist, wo es heisst, L. 28, in der griechischen Version, Ox. Pap. 1: καὶ πονεῖ ἡ ψυχή μου ἐπὶ τοῖς υἱοῖς τῶν ἀνθρώπων.

Das geht auf Jes. 53, 10 zurück, wo in der *Septuaginta* der πόνος τῆς ψυχῆς des Gottesknechts erwähnt wird.

c. Makarius betont immer wieder die bleibende Sündhaftigkeit der Menschen, auch nach empfangener Gnade. Sogar die Apostel könnten noch sündigen.[2]

Es ist sehr merkwürdig, dass noch in jener Zeit, da die Apostel als Heroen betrachtet wurden, eine so realistische Betrachtung der Apostel möglich war. Aber es ist auch auffallend, dass selbst die Heiligen und Asketen immer wieder als Sünder dargestellt werden. Wir vergleichen das mit einem Fragment (15 a) des judenchristlichen *Nazoräerevangeliums*. Dabei muss man bedenken, dass dieses Evangelium dem Autor des *Liber Graduum* bekannt war und also auf den Messalianismus bis zur Zeit des Makarius gewirkt hat. Die bleibende Sündhaftigkeit ist ja auch kein privates Theologumenon des Makarius, sondern die anstössige „Häresie" der Messalianer. Weder die Taufe noch die Sakramente nehmen die Sündhaftigkeit, welche die Wurzel der Sünde ist, weg.[3] Im judenchristlichen Evangelium heisst es:

„Er sagte: Wenn dein Bruder im Wort (in etwas) gesündigt und dir Genugtuung geleistet hat, nimm ihn siebenmal am Tage

---

[1] H. J. Schoeps, *Theologie und Geschichte des Judenchristentums*, Tübingen 1949, S. 360.
[2] 27, 10. cf. Dörries, *Symeon*, S. 55.
[3] Kmosko, *Liber Graduum*, S. CXL.

an. Sprach zu ihm Simon, sein Jünger: Siebenmal am Tage?
Der Herr antwortete und sprach zu ihm: Ja, ich sage dir, bis zu
siebzigmal siebenmal. Denn auch bei den Propheten, nachdem
sie mit dem Heiligen Geist gesalbt worden waren, ist in ihnen
ein Wort der Sünde (etwas Sündiges) gefunden''.

Ob dies Wort nun den kanonischen Evangelien nachgebildet ist
oder, was ich für wahrscheinlicher halte, der freien Tradition entstammt, können wir auf sich beruhen lassen. Der letzte Satz aber
ist zweifelsohne eine Hinzufügung, die der judenchristlichen Gemeinde entstammt.

Das geht daraus hervor, dass der Semitismus λόγος ἀμαρτίας =
דְּבַר־פֶּשַׁע (cf. Ex. 22, 8) = ,,etwas Sündiges'' benutzt wird. Sogar die
Propheten, heisst es, hatten nach ihrer Salbung noch etwas Sündiges,
einen *fomes peccati* in sich.

Der Vergleich des ,,Bruders'' mit dem Propheten hat dem Jesuswort eine neue Wendung gegeben. Der ,,Bruder'' ist nicht mehr der
Landsmann, der Nächste slechthin, sondern der Mitchrist.

Wie die Propheten mit Geist gesalbt waren und trotzdem sündig
blieben, so bleiben auch die Gläubigen – obwohl auch sie bei der
Taufe mit dem Heiligen Geist gesalbt wurden – trotzdem Sünder.
Die Idee, dass die Propheten mit dem Heiligen Geist gesalbt waren,
findet sich auch in den *Pseudo-Klementinen*, (*Rec.* I, 47: *sine unguento*
prophetare non poterat).

Sie ist auch Makarius bekannt:

> ,,Wie zur Zeit der Propheten das Salböl etwas ganz Kostbares
> war, da man es für Könige und *Propheten* verwendete, so werden
> jetzt die mit dem himmlischen Öle gesalbten Geistesmenschen
> zu ,,Gesalbten'' (= Christen) aus Gnade, so dass sie Könige
> und Propheten himmlischer Geheimnisse sind''. (17, 1).

Die Syrer kannten eine abweichende Taufliturgie: die Salbung
fand vor der Wassertaufe statt und war deshalb so wichtig, weil in
ihr die Geistübermittlung sich vollzog. Man hat mit Recht behauptet,
diese syrische Taufliturgie gehe auf palästinische Vorbilder zurück.[1]
So ist auch in diesem Fall Makarius dem Judenchristentum ver-
pflichtet, wenn er die Salbung der Christen bei der Taufe hervorhebt.

---

[1] G. Kretschmar, in:
Aspects du Judéo-christianisme, Paris 1965, S. 113-137.
  id., *Die Geschichte des Taufgottesdienstes in der alten Kirche*, Kassel 1964,
S. 27-30.

Es ist aber wahrscheinlich, dass er auch seine Tauftheologie von der bleibenden Sündhaftigkeit der Menschen dem Judenchristentum entnommen hat. So sieht man, dass sogar eine Lehre des Urchristentums von der Kirche als messalianische Ketzerei verurteilt worden ist.

Für uns aber ist von Bedeutung, dass nicht nur die Trinitätslehre und die Christologie des Makarius, sondern auch seine Anthropologie die Kontinuität mit dem Judenchristentum bewahrt hat.

Es wäre möglich, noch andere Elemente in der Theologie des Makarius nachzuweisen, welche jüdischer oder judenchristlicher Herkunft sind.

In dieser ersten orientierenden Umschau, welche keine Vollständigkeit beabsichtigt, sondern nur die Perspektiven für die Beurteilung des Makarius festlegen will, beweist das Gesagte wohl zur Genüge, dass bei ihm Nachwirkungen judenchristlicher Theologie zu finden sind. Dabei muss man immer bedenken, dass das Judenchristentum für die Syrer lebendige Wirklichkeit war. Besuchte doch zur Zeit des Makarius der heilige Hieronymus die Judenchristen in Beröa (Aleppo) und lernte dort ihr aramäisches Evangelium kennen.

IV

MAKARIUS UND TATIAN

Im 5. Jahrhundert setzt sich Diadochus von Photize mit den Messalianern – und auch mit Makarius – auseinander.[1]

Dabei bemerkt er:

> „Es gibt Leute, die sagen, dass in den Herzen der Gläubigen die zwei Personen der Gnade und der Sünde nebeneinander bestehen. Dafür berufen sie sich auf die Worte des Evangelisten: „Und das Licht scheint in der Finsternis, und die Finsternis hat es nicht ergriffen (Joh. 1, 5). Und sie versuchen ihre These zu beweisen, indem sie sagen, dass der göttliche Glanz keineswegs besudelt wird von der Nachbarschaft des Bösen''[2].

Hier wird die bekannte messalianische These erörtert, dass nach der Taufe Geist und Sünde, Göttliches und Teuflisches im Menschenherzen zusammenleben.

Diadochus bezieht sich auf die 16. Homilie des Makarius, wo es heisst:

> „Die Sonne, die ein Körper und ein Geschöpf ist, leuchtet in übelriechende Orte, wo Unrat und Unreinigkeit herrscht, ohne beschädigt oder beschmutzt zu werden. Wieviel weniger nimmt der reine Heilige Geist, der mit der noch vom Bösen bedrängten Seele zusammen ist, etwas vom Bösen an. Denn das Licht leuchtet in der Finsternis, und die Finsternis hat es nicht erfasst''. (16, 3).

Der Geist ist also Licht und die Seele an sich Finsternis. Und das wird bewiesen durch eine auf den Menschen angewandte Exegese von Joh. 1, 5.

Mir scheint, dass hier eine literarische Abhängigkeit vorliegt von *Tatians Rede gegen die Griechen*, c. 13.[3]

Dort führt Tatian aus, dass die Seele an sich Finsternis ist und dass kein Licht in ihr ist. „Und das bedeutet offenbar das Schriftwort: „Die Finsternis ergreift das Licht nicht''. Wenn die Seele aber

---

[1] F. Dörr, *Diadochus von Photike und die Messalianer*, Freiburg 1937.

[2] Diadoque de Photicé, *Oeuvres Spirituelles*, Chap. 80, E. des Places, Sources Chrétiennes, 5 bis, Paris 1955, S. 137-138.

[3] E. Goodspeed, *Die ältesten Apologeten*, Göttingen 1914, S. 280.

die Verbindung (συζυγία) mit dem Pneuma gewonnen hat, führt der Geist sie hinauf (ὁδηγεῖ). „So ist denn der Geist die Beflügelung (πτέρωσις) der Seele". Den Geist als Führer (ὡδήγησε) und als Flügel (πτέρυγες) kennt auch Makarius.[1] Das ist nicht entscheidend. Aber dass in beiden Fällen das Verhältnis von Geist und Seele durch Joh. 1, 5 erläutert wird, beweist, dass Makarius die *Rede gegen die Griechen* des Tatian gelesen hat.

Am wahrscheinlichsten ist, dass Tatian bei seiner Rückkehr nach dem Osten die *Rede gegen die Griechen* mitgebracht hat und dass diese dann in den enkratitischen Kreisen Syriens erhalten blieb und so auch dem Makarius bekannt geworden ist.

Tatians persönlicher Beitrag zur Theologie des Makarius ist sehr gross. Ihm hat Makarius entnommen, dass die eigentliche Thematik nicht Geist und Kirche oder Geist und Fleisch, sondern Geist und Seele ist. Das ist die Voraussetzung jeglichen Pietismus und so auch des Pietismus des Makarius.

Aus dieser These folgt, dass der Mensch, die Seele, als Finsternis, sich selbst nicht erlösen kann, sondern vom Geiste erlöst werden muss; auch, dass der Mensch immer Mensch bleibt und nicht Gott wird. Diese anthropologische Ansicht scheidet Makarius, wie auch Tatian, für immer von dem Gnostizismus, welcher durch die Selbsterkenntnis die Identität des Gnostikers mit der Gottheit entdeckt.

Mit dieser These ist auch die Verinnerlichung gegeben, die Aufmerksamkeit für die abgründige Finsternis der Seele und die Lichtabgründe, welche, in der Seele vom Geist gewirkt, emportauchen. Und natürlich die Ansicht, dass die Seele sich ganz auf sich zurückziehen muss, damit in der tiefsten Innerlichkeit der Geist sie erleuchten und erheben kann! Das alles findet man bei Makarius. So kennt Tatian schon den Begriff der integrierten Persönlichkeit:

„Das Böse", sagt er, „verschwindet, wenn wir dem Worte Gottes gehorchen und uns nicht zerstreuen" (μὴ σκορπιζόντων ἑαυτούς, c. 30).

Der Mensch soll also die zerstreuten Glieder seiner Seele wieder sammeln.[2] Das ist ein Bildwort, dem der Zagreusmythos zugrunde

---

[1] III, 15; III, 16, 1.

[2] Porphyrius, *Epistula ad Marcellam* 10, Nauck S. 199:
εἰ μελετῴης εἰς ἑαυτὴν ἀναβαίνειν συλλέγουσα ἀπὸ τοῦ σώματος πάντα τὰ διασκεδασθέντα μέλη καὶ εἰς πλῆθος κατακερματισθέντα ἀπὸ τῆς τέως ἐν μεγέθει δυνάμεως ἰσχυούσης ἑνώσεως.

liegt.[1] Zagreus-Dionysus wurde zerstückelt von den Titanen. Das wurde vom neuplatonischen Porphyr in seinem *Brief an Marcella* (c. 10), aber auch schon von Platon (Phaedon 67 c, 70 a, 83 a) auf die Seele angewendet. Der Topos der Sammlung der zerstreuten Glieder entstammt also der griechischen Philosophie: von ihr hat Tatian, der ja den Mittelplatonismus gut kannte, es übernommen. Denselben Gedanken und dieselbe Metapher finden wir bei Makarius. Immer wieder kommt er darauf zurück, dass der Geist die zerstreute Seele zu ihrer Einheit zurückbringt. ,,Nur die Kraft des göttlichen Geistes vermag das auf der ganzen Erde zerstreute (ἐσκορπισμένη) Herz zur Liebe des Herren zu sammeln'' (24, 2). Allein der Herr kann die Gedanken der Seele, die in der Welt zerstreut (διεσκορπισμένους) sind, sammeln zu einem göttlichen und nach oben gerichteten Gedanken (III, 27, 5).

Immer wieder finden sich in den Werken des Makarius solche und ähnliche Wendungen.

Er ist nämlich der Auffassung, dass nur die Wirkung des Geistes die Seele zur Einheitlichkeit führen kann. Und bestimmt ist es eine beachtliche und auffallende Sicht, dass nur die religiöse Erfahrung die Einheitlichkeit und Identität der menschlichen Persönlichkeit ermöglicht.

Aber dieser Gedanke folgt doch eigentlich aus den Prämissen Tatians, dass die Seele Finsternis und der Geist ein inneres Licht ist und dass die Seele sich nicht zerstreut, wenn sie auf das Wort Gottes hört.

Es ist natürlich möglich, dass die Sammlung der zerstreuten Glieder der Seele nicht nur von Tatian, sondern auch von anderen Enkratiten gelehrt wurde. In dieser Prägnanz und dieser Formulierung ist sie mir aber aus anderen enkratitischen Quellen nicht bekannt. Es ist wohl am wahrscheinlichsten, dass Makarius auch in dieser Hinsicht von der Theologie Tatians beeinflusst worden ist. Man sieht an diesem Beispiel, was es mit dem Hellenismus des Makarius auf sich hat. Das Thema der Sammlung der zerstreuten Glieder war schon im zweiten Jahrhundert vom Syrer Tatian rezipiert worden. Es war schon Jahrhunderte lang in der syrischen Christenheit bekannt und heimgeholt.

συνάγοις δ'ἂν καὶ ἑνίζοις τὰς ἐμφύτους ἐννοίας καὶ διαρθροῦν συγκεχυμένας καὶ εἰς φῶς ἕλκειν ἐσκοτισμένας πειρωμένη.

[1] Vergleiche zum Folgenden H.-Ch. Puech, *Annuaire de l'École Pratique des Hautes Études*, 1964-'65, S. 101-104.

Und kein Grieche hat je gesagt, dass nur die Erfahrung des Geistes die Integration der Seele ermögliche.

Andrerseits ist es natürlich wahr, dass diese Interpretation des Christentums voraussetzt, dass der Mensch eine Seele hat.

V

MAKARIUS UND DAS THOMASEVANGELIUM

Das *Thomasevangelium* ist zwar 1945-1946 bei Nag Hamadi in Ägypten gefunden worden, es ist aber wahrscheinlich in Edessa geschrieben worden.[1]

Darauf weisen verschiedene Indizien hin:

1) Thomas war in späteren Jahrhunderten der grosse Heilige Edessas.

2) Das *Thomasevangelium* wird zitiert von den *Thomasakten*, welche um 225 nach Christus in Edessa verfasst wurden.

3) Das *Diatessaron* Tatians, um 170 wohl im syrischen Osten geschrieben, hat ausserkanonische Tradition mit ,,Thomas''gemeinsam.[2]

4) Ebenso der Syrer Aphraates, die *Didaskalie* und andere syrische Schriften.[3]

5) Das syrische *Liber Graduum* und der Syrer Makarius stehen in einem Traditionszusammenhang mit dem Thomasevangelium.

Das *Thomasevangelium* ist also ein Dokument des syrischen Christentums des zweiten Jahrhunderts, wohl um 140 nach Christus verfasst.

Man hat bestritten, dass das *Thomasevangelium* eine unabhängige Tradition der Jesusworte enthält, wie das von mir zuerst festgestellt wurde.[4] Meine Gegner setzten voraus, dass schon um 140 nach Christus die vier kanonischen Evangelien in Edessa bekannt waren, eine unbewiesene, unmögliche und unerhörte Annahme.

Die Untersuchungen von Helmut Koester[5] und Joachim Jeremias[6]

---

[1] Zuerst gesehen von Henri-Charles Puech, *Une collection de Paroles de Jésus récemment retrouvée, L'Évangile selon Thomas.*
Comptes Rendus de l'Académie des Inscriptions et Belles Lettres, (Institut de France, Séance du 24 mai 1957), S. 146-167.

[2] G. Quispel, *L'Évangile selon Thomas et le Diatessaron*, V.C., XIII, 2, 1959, S. 87-117.

[3] G. Quispel, *The Gospel of Thomas and the Gospel of the Hebrews*, New-Testament Studies, 12, 1966, S. 371-382.

[4] G. Quispel, *The Gospel of Thomas and the New Testament*, V.C., XI, 4, 1957, S. 189-207.

[5] H. Koester, *Gnomai diaphoroi*, Harvard Theological Review, 58, 3, 1965, S. 279-318.

[6] J. Jeremias, *Die Gleichnisse Jesu*, 6., neu bearbeitete Auflage, Göttingen 1962.

haben aber meine Ansichten bestätigt. Koester hat mit formgeschichtlichen Beweisen gezeigt, dass die Logien synoptischen Gepräges einer freien Tradition angehören.

Jeremias hat dargestellt, dass die Gleichnisse des *Thomasevangeliums* frei sind von den allegorischen Zusätzen, welche sie in der kanonischen Fassung bekommen haben. Daraus müssen nun die Konsequenzen gezogen werden.

1) Erstens muss festgestellt werden, dass die Tradition des *Thomasevangeliums* nicht nur frei und unabhängig ist, sondern auch judenchristlicher Herkunft. Darauf weisen die Übereinstimmungen mit den Schriftzitaten in den Pseudo-Klementinen hin.[1] Ausserdem ist das Christentum Edessas judenchristlicher, oder, wenn man will, palästinensischer Herkunft. Und ein Wort wie Logion 12, das den Primat über die Jünger und die ganze Christenheit Jakobus, dem Papst der Judenchristen, zuweist, kann seine tendenziöse Verdrehung eines Jesuswortes nur der judenchristlichen Tradition verdanken und muss aus einer judenchristlichen Quelle stammen.

2) Die Quellenfrage muss gestellt werden, welche in der Forschung der formgeschichtlichen Betrachtung vorauszugehen pflegt. Wir wissen, dass die Judenchristen in Beroea (Aleppo) noch im vierten Jahrhundert ein aramäisches Evangelium benutzten, das auch dem Autor des *Liber Graduum* und Aphraates bekannt war. Es war also in Ostsyrien, und doch wohl von Anfang an, ein judenchristliches Evangelium bekannt.

Die Dubletten des Thomasevangeliums zeigen unwiderruflich, dass zwei Quellen benutzt wurden, und zwar eine judenchristliche und eine enkratitische. Logion 2 und Logion 12 zeigen Berührungen mit dem *Hebräerevangelium*, Logion 104 mit dem *Nazoräerevangelium* und Logion 99 mit dem *Ebionitenevangelium*.

Es ist schwierig, das Verhältnis zwischen diesen drei Evangelien festzustellen. Aber eines ist sicher: um 140 nach Christus, als das *Thomasevangelium* geschrieben wurde, gab es schon ein judenchristliches Evangelium. Ist es dann nicht wahrscheinlich, dass dies dem Autor des *Thomasevangeliums* als Quelle diente?

3) Die Logien des *Thomasevangeliums* haben viele Varianten gemein mit dem sogenannten „Westlichen Text".[2] Wenn „Thomas"

---

[1] G. Quispel, *L'Évangile selon Thomas et les Clémentines*, V.C., XII, 4, 1958, S. 181-196.

[2] G. Quispel, *L'Évangile selon Thomas et le „Texte Occidental" du Nouveau Testament*, V.C., XIV, 1960, S. 204-215.

eine unabhängige Tradition enthält, dann hat diese Tradition auch
den „Westlichen Text", d.h. die altlateinischen und altsyrischen
Übersetzungen der Evangelien, wie auch den *Codex Bezae*, beeinflusst.
Das zeigt judenchristlichen Einfluss auf den „Westlichen Text"!
Das ist für Rom, Mutter der Altlateiner, und für Edessa, Mutter der
Altsyrer, durchaus möglich. Falls der *Codex Bezae* auf Antiochien
zurückgeht, wie viele annehmen, muss dazu gesagt werden, dass es
in Antiochien im zweiten Jahrhundert gewiss auch Judenchristen
gegeben hat.[1]

4) Wenn „Thomas" unabhängige Tradition enthält, dann auch
das *Diatessaron* Tatians, mit dem es viele abweichende Varianten
gemein hat. Man hat immer vermutet, dass Tatian als fünfte Quelle
ein judenchristliches Evangelium benutzt hat, weil er so viel ausserkanonisches Material beibringt. Diese Quelle hatte er wohl mit dem
Thomasevangelium gemeinsam. Das bedeutet nun aber, dass in den
vielen Versionen des *Diatessarons*, ja sogar im *Heliand* und im *Lim-*
burgischen Leben Jesu noch Spuren dieser unabhängigen, judenchristlichen Tradition zu finden sind.[2]

Der Neutestamentler wird sich für das *Thomasevangelium* interes-
sieren, weil er hier möglicherweise authentische, unbekannte Jesusworte und Jesusgleichnisse findet. Nicht so der Historiker. Für ihn
erschliesst das *Thomasevangelium* eine völlig verkannte und unver-
standene Provinz der Kirchengeschichte Syriens in den ersten vier
Jahrhunderten. Ich meine einerseits a) die jüdische Herkunft des
syrischen Christentums und andrerseits b) seinen enkratitischen
Sektor.

a) Logion 42 des Thomasevangeliums lautet:

Jesus sagte: Werdet Vorübergehende.

Man hat darin einen tiefen gnostischen Sinn finden wollen:
„Kommt zum Sein, indem ihr vergeht!" Aber hier zeigt sich nun,
wie irreführend es ist, das *Thomasevangelium* als gnostisch zu betrachten. Denn „Vorübergehende", παράγων, ist hier buchstäbliche Übersetzung des Wortes עֹבֵר, das im Hebräischen nicht nur „Vorüber-

---

[1] J. H. Ropes, *The Beginnings of Christianity*, I, 3, London 1926, S. *CCXLV*.
[2] G. Quispel, *Der Heliand und das Thomasevangelium*, V.C. XVI, 3-4, 1962,
S. 121-153.

gehende", sondern auch ,,Reisende", ,,Wanderer" bedeuten kann.[1]
Der Semitismus der Übersetzung beweist, dass das Logion der juden-
christlichen Quelle entnommen ist. Man muss also übersetzen:
Jesus sagte: Werdet Wanderer!

Wahrscheinlich bezieht sich das Wort auf die judenchristlichen
Wanderlehrer und Wanderpropheten, welche das Wort Gottes ver-
kündeten. Allerdings betrachten die pseudo-klementinischen *Recognitiones* alle Christen als Reisende auf dem Wege zur Gottesstadt
(2, 21).

Diese Auffassung des Christentums als einer *peregrinatio* zum
Ende hin hat nun nach der Legende auch Addai verkündigt, als er
zum ersten Male nach Edessa kam:

> ,,Betrachtet euch mit Bezug auf die Welt als Reisende und
> Gäste, die nur eine Nacht bleiben und bald zu ihren Häusern
> zurückkehren"[2].

In den Thomasakten bezeichnet Thomas sich als einen Wanderer
(c. 145) und ruft auch die Menschen auf, auf ihren Besitz zu verzichten, ihr Haus zu verlassen und Wanderer zu werden (c. 100).
Allerdings wird hier im griechischen Text das Wort ξένος, im syrischen Text das Lehnwort axnaia benutzt.

ξένος bedeutet aber nicht nur Fremdling, sondern auch Wanderer.
Arm sein, Wanderer sein, das ist das religiöse Ideal der Syrer, das
auch unter den Katholiken Syriens bestehen blieb. Denn Ephrem
Syrus sagt in seiner *Homilie über das Pilgerleben*:

> ,,Wer die Vollkommenheit anstrebt, der erwähle sich das
> Wanderleben".... "Wer also vollkommen zu sein wünscht, der
> gehe aus seinem Ort und lasse sich belehren"[3].

Auch die Messalianer wanderten, wie das *Liber Graduum* zeigt.[4]
Das haben sie mit den übrigen syrischen Christen gemein. Und erst
in dieser Perspektive können wir die Bedeutung der ξενιτεία bei
Makarius richtig beurteilen. Deshalb übersetze ich *Hom.* 17, 15:

---

[1] J. Jeremias, *Unbekannte Jesusworte*, 3., völlig neu bearbeitete Auflage,
Gütersloh 1963, S. 107-110.

[2] *Doctrine Addai*, ed. Phillips, S. 43.

[3] A. Haffner, *Homilie des heiligen Ephrem über das Pilgerleben*, Sitzungsber.
kaiserl. Akad. Wissenschaften Wien, phil.-hist. Klasse, 135, 1896, IX Abh.,
S. 1-21.

[4] 19, 31; 27, 4-5; 30, 2.

„Wenn selbst der innerliche, hochstehende Mensch fällt, wie
kann der erste beste sagen: Ich faste, ich *wandere* (ξενιτεύω)
und verteile meinen Besitz, also bin ich heilig".

Die Grundleistung des Messalianismus ist nämlich: „Armut,
Wandern (ξενιτεία), Widerwärtigkeit" (11, 15).

Allerdings ist die Lage bei Makarius insoweit kompliziert, als es
zu seiner Zeit schon zur Klosterbildung gekommen zu sein scheint.
Da muss die Ausgabe aller Schriften des Makarius abgewartet werden, ehe wir feststellen können, inwieweit zu seiner Zeit die *stabilitas
loci* das Wandern der syrischen Mönche schon verdrängt hat.

Aber selbst wenn die ξενιτεία als Heimatlosigkeit und nicht mehr
als Wanderschaft zu verstehen ist, dann kann doch kein Zweifel
daran bestehen, dass dies aus der messalianischen und allgemein
syrischen Wanderschaft abgeleitet ist. Denn die Wanderschaft hat
im syrischen Christentum immer bestanden, bei den Katholiken, den
Enkratiten, den Messalianern. Das kommt daher, dass die Judenchristen nach Edessa das Gebot Jesu mitbrachten: „Werdet Wanderer". So enthüllt das *Thomasevangelium* die Zusammenhänge
zwischen den palästinensischen Wanderlehrern und den Wander-
mönchen der gesamten syrischen Christenheit.

b) Unabhängig von einander haben A. Baker und G. Quispel zu
gleicher Zeit festgestellt, dass Makarius das *Thomasevangelium* gekannt und ausgiebig benutzt hat.[1]

Die deutlichste Entsprechung findet sich in Logion 113:[2]

Es sagten zu ihm seine Jünger:	ὡς φησιν ὁ κύριος
Das Reich, wann wird es kommen?	
(Jesus sagte): Es wird nicht in	
Erwartung kommen. Man wird	
nicht sagen: Siehe, hier! oder:	
Siehe, dort! sondern das Reich	ἡ βασιλεία τοῦ θεοῦ χαμαὶ
des Vaters ist über die Erde aus-	ἥπλωται καὶ οἱ ἄνθρωποι
gebreitet und die Menschen se-	οὐκ ἐμβλέπουσιν αὐτήν
hen es nicht.	

Es ist nicht nötig, alle andere Parallelen zu erwähnen. Das ist erst
möglich und notwendig, wenn alle bekannten Schriften des Makarius
veröffentlicht sind.

Aber schon jetzt kann man sagen, dass sich auf vielen Seiten der

---

[1] V.C. XVIII, 4, 1964, S. 215-225 und S. 226-235.
[2] Dörries, *Symeon*, S. 224, Anm. 3.

Schriften des Makarius Anspielungen auf das *Thomasevangelium* finden. Ausserdem hat A. Baker Beziehungen zum *Liber Graduum* festgestellt.[1] Mir erscheint es wahrscheinlich, dass auch der Autor dieser Schrift das *Thomasevangelium* gekannt hat. Das bedeutet, dass das *Thomasevangelium* eine Art von Heiliger Schrift der Messalianer war. Und weil dieses Buch ihnen durch die Vermittlung der Tradition in die Hände gekommen ist, muss es von 140-400 in Edessa und sonst im syrischen Raum Menschen gegeben haben, welche das *Thomasevangelium* schätzten. Daneben ist es gut festzustellen, dass es syrische Autoren gegeben hat, welche das *Thomasevangelium* nicht zitieren. Zwar bieten sie dann und wann dieselbe ausserkanonische Tradition wie ,,Thomas", aber sie atmen einen anderen Geist. Sie haben wohl ihre mit ,,Thomas" übereinstimmenden Logien dem oben genannten judenchristlichen Evangelium zu verdanken.

Diese syrischen Schriften sind vor allem: der pseudo-klementinische Brief *de Virginitate*, die *Didaskalie*, Aphraates und Ephrem Syrus. Es sind dies ,,katholische" Schriften!

Das *Thomasevangelium* war also nur geehrt in einem speziellen Sektor des syrischen Christentums, welcher sich durch einen ausgesprochenen Enkratismus auszeichnete.

Die Geschichte dieses Sektors kennen wir nur unvollkommen: wir sehen eigentlich nur den Anfang, das *Thomasevangelium*, und das Ende, Makarius. Was sich dazwischen abgespielt hat, wissen wir nicht sehr gut.

Es ist vermutet worden, dass die Psychologie Tatians stark auf die *Thomasakten* gewirkt hat.[2]

Auch finden wir in den früheren enkratitischen Quellen nicht die Betonung der Erfahrung des Geistes, was für den Messalianismus[3] und Makarius bezeichnend ist.

Auch wissen wir nicht, wann und von wem die Paulusbriefe in diesen Kreis eingeführt sind. Koester vermutet, dass in Edessa eine Sammlung der Paulusbriefe vor der Ankunft der Katholiken vorhanden war.[4]

---

[1] A. Baker, *The Gospel of Thomas and the Syriac Liber Graduum*, New Testament Studies, 12, 1, 1965, S. 49-55.

[2] Klijn, *o.c.*, S. 49 ff.

[3] Theodoret von Cyrus, *de Messalianorum Haeresi*, Historia Ecclesiastica IV, 10, zitiert bei Kmosko, *Liber Graduum*, S. CXCV:
ἐπιφοιτᾶν λοιπὸν τὸ πανάγιον πνεῦμα αἰσθητῶς καὶ ὁρατῶς τὴν οἰκείαν παρουσίαν σημαῖνον.....

[4] *o.c.*, S. 299, Anm. 3.

Das zeigt auch die Tatsache, dass der *dritte Brief an die Korinther*
noch lange Zeit im Kanon Syriens enthalten war: dieser *dritte Ko-
rintherbrief* aber ist eine Fälschung, welche den apokryphen, enkratitischen, um 200 in Kleinasien entstandenen Paulusakten entnommen ist. Deutet das auf Verbindungen Edessas mit enkratitischen Kreisen Kleinasiens? Und sind die Paulusbriefe zuerst von
den Enkratiten nach Edessa gebracht worden? Wir wissen es nicht.
Zweifellos aber hat Paulus – der Pneumatiker Paulus! – auf Makarius
den tiefstmöglichen Eindruck gemacht.

Im *Thomasevangelium* liegt aber Pauluseinfluss kaum vor. So hat
der syrische Enkratismus im Laufe seiner dreihundertjährigen Geschichte ohne Zweifel eine Entwicklung durchgemacht. Auch sind
archaische Ansichten, etwa die Zweigeschlechtligkeit des Adams, im
Lauf der Zeit verschwunden. In den erhaltenen Schriften des Makarius findet man davon keine Spur.

Aber die Grundgedanken des *Thomasevangeliums* hat Makarius
festgehalten, wie *jetzt* zu zeigen ist.

Ein Kenner wie H. Dörries hat die Lehre des Makarius von der
inneren Auferstehung der Seele und von der Gegenwart der eschatologischen Verheissungen als Grundlehre des Messalianismus bezeichnet.[1] Jeder Leser wird anerkennen, dass dies die zentrale Lehre des
Makarius ist, von der aus seine ganze Spiritualität zu verstehen ist.

> „Die Ankunft des Herren ist nämlich ganz um des Menschen
> willen geschehen, der tot im Grabe der Finsternis, der Sünde,
> des unreinen Geistes und der bösen Mächte lag, um den Men-
> schen *jetzt* in dieser Welt *aufzuwecken* und lebendig zu machen"
> (34, 2).

> „Eine Auferstehung der toten Seelen erfolgt schon jetzt" (36, 1).

Makarius glaubt also, wie der Evangelist Johannes, an die realisierte oder sich realisierende Eschatologie.

Aber er hat aus dieser Überzeugung einen Schluss gezogen, den
weder Johannes noch Paulus noch irgendein anderer biblischer
Autor gezogen hat. Er meint nämlich, dass der Mensch deshalb überhaupt nicht heiraten sollte; bereits vollzogene Heirat musste also
aufgegeben werden. Auch vor dieser letzten Konsequenz schreckte

---

[1] *Symeon*, S. 99.

er nicht zurück (51, 11). Er geht selbst soweit, dass er behauptet, nur derjenige könne gerettet werden, der seine Frau und seine Kinder verlässt:

> „Wer das einsame Leben (μονήρης βίος) erwählt, muss alles, was in dieser Welt vorgeht, als ihm fremd und fernstehend betrachten. Er muss somit den Herrn Eltern, Brüdern, Weib, Kindern, Verwandten, Freunden und Vermögen vorziehen. Das hat ja der Herr dargetan mit den Worten: Ein jeder, der nicht Vater oder Mutter oder Brüder *oder Weib* oder Kinder oder Äcker *verlässt* und mir nachfolgt, ist meiner nicht wert. Denn in keinem andern findet sich für die Menschen Heil (σωτηρία), wie wir gehört haben" (45, 1).

Also: *Nur* der, welcher sein Weib verlässt, kann gerettet werden. Sonst gibt es keine Möglichkeit zur Erlösung.

Das Schriftwort, auf das Makarius sich beruft, ist eine Diatessaronvariante von Lukas 14, 25-27, und zwar eine tendenziöse Korrektur von Tatian selber, welcher als guter Enkratit „verlässt" eingefügt hat. Diese Variante findet sich auch im *Liber Graduum* und im persischen *Diatessaron*.[1]

Die enkratitische Tendenz ist auch bei Makarius deutlich. Es ist wirklich so, dass für ihn „Christ" identisch ist mit „Unverheirateter" (μονάζων) (38, 1).

Nun kann man einwenden, dass die Haltung der syrischen Kirche gegenüber der Ehe überhaupt unsicher gewesen ist und dass zu einer gewissen Zeit in Syrien nur Unverheiratete getauft wurden. Darauf hat besonders Vööbus hingewiesen.[2] Ich frage aber, ob das nicht enkratitischem Einfluss zuzuschreiben ist. Denn nur in ihrer Theologie ist es begründet, warum Verheiratete nicht selig werden können.

Der Schlüssel zum Verständnis dieser Lehre findet sich bei den Enkratiten, welche Clemens von Alexandrien im dritten Buch seiner *Stromateis* bekämpft.

> „Sie sagen, dass sie die Auferstehung schon empfangen haben und deswegen die Ehe verwerfen" (III, 48, 1).

Die Argumentation ist durchaus logisch und folgerichtig. Die Auferstehung Christi hat schon stattgefunden und die Eschatologie

---

[1] V.C., XVIII, 4, 1964, S. 228-229.
[2] A. Vööbus, *Celibacy*, A Requirement for Admission to Baptism in the Early Church, Papers Estonian Society in Exile, Stockholm 1951.

ist realisiert. Christus aber hatte gesagt, dass es in der Auferstehung keine Ehe mehr geben würde (Markus 12, 25 par.). Also sollen Christen sich scheiden lassen.

Dieselbe Auffassung liegt auch dem *Thomasevangelium* zugrunde:

> „Es sagten zu ihm seine Jünger: Wann wird die Ruhe der Toten eintreten und wann wird die neue Welt kommen? Er sagte zu ihnen: Das, was ihr erwartet, ist (schon) gekommen; aber ihr erkennt es nicht" (L. 51).

Dieses Logion ist eine Dublette des Logion 113 („Das Reich ist über die Erde ausgebreitet".).

Es muss also der enkratitischen Quelle entnommen sein, wie jenes der judenchristlichen Quelle entstammt.[1]

Und es spricht deutlich aus, dass die Auferstehung der Toten schon stattgefunden hat. Aber andererseits heisst es, dass *nur* die Unverheirateten, die Monachoi, selig werden können:

> „Jesus sagte: Viele stehen an der Tür, aber (nur) die Einsamen (= Unverheirateten) sind es, die ins Brautgemach (die Seligkeit) eingehen werden" (L. 75).

Wenn man die enkratitische Theologie kennt, folgt das eine aus dem andern: weil die Auferstehung schon realisiert ist und weil es in der Auferstehung keine Ehe mehr gibt, deshalb können *nur* die Ledigen selig werden. Logion 75 enthält eine Anspielung auf das Gleichnis der klugen und törichten Jungfrauen, das sich auch bei Matthäus (25, 1-13) findet; davon ist unsere Stelle eine Zusammenfassung. Wenn das Gleichnis sagt, dass die Jungfrauen (παρθένοι), die bereit waren, zum Hochzeitsmahl (γάμοι) hineingehen, so sagt „Thomas", dass es die μοναχοί sind, welche hineingehen in das Brautgemach (νυμφών).

„Monachos" ist für ihn identisch mit „Parthenos".

In welchem Sinne man letzteres Wort verstehen soll, zeigt das Utrechter Fragment der *Andreasakten*.[2]

> „O Jungfrauen, nicht umsonst habt ihr die Reinheit bewahrt, und nicht vergeblich habt ihr ausgeharrt in Gebeten, während eure Lampen brannten um Mitternacht, bis diese Stimme euch erreichte: „Stehet auf, gehet hinaus, dem Bräutigam entgegen".

---

[1] Siehe unten S. 92.
[2] G. Quispel, *An unknown fragment of the Acts of Andrew*, V.C., X, 3-4, 1956, S. 133.

Das bezieht sich auf eine Asketin, ,,die eine grosse Kämpferin und Streiterin ist", eine Parthenos im technischen Sinne des Wortes. Auf sie wird das Gleichnis der klugen Jungfrauen angewandt. Dem Gleichnis ist also eine enkratitische Wendung gegeben. Die *Andreasakten* sind eine enkratitische Schrift, welche in Achaia entstanden ist. Die Enkratiten scheinen diese Interpretation nach Edessa mitgebracht zu haben. Das hat wohl den Autor des *Thomasevangeliums* dazu veranlasst, ,,parthenos" durch ,,monachos" zu ersetzen. Das zeigt, was ,,monachos" für ihn bedeutet. Es bedeutet an erster Stelle ,,parthenos", ,,Unverheirateter", wie später īḥīdājā bei Ephrem Syrus und Aphraates noch nicht ,,Mönch", sondern nur ,,Unverheirateter" bedeutet.[1]

Allerdings hat ,,Monachos" im *Thomasevangelium* noch eine Nebenbedeutung: er ist auch der Mensch, der, eben weil er ein Unverheirateter ist, ,,das Männliche und das Weibliche zu einem Einzigen macht, so dass das Männliche nicht (mehr) männlich und das Weibliche nicht (mehr) weiblich ist" (L. 22).

Der Monachos ist also auch der einheitliche Mensch.

Das Wort, dass nur die Unverheirateten eingehen werden in das Brautgemach, hat in Syrien einen tiefen Eindruck gemacht.

Schon in den *Thomasakten* (c. 12) heisst es in einer Rede vor jung Verheirateten, dass nur derjenige, der sich der Geschlechtsgemeinschaft enthält, in das (himmlische) Brautgemach (νυμφών) eingeht.

Auch das *Liber Graduum* (20, 14) hat das Wort gekannt. Es sagt:

,,Und wenn wir unsere Hände nicht *rein* zum Himmel erheben mit unserem Herzen voll von Liebe zu allen und Liebe zu Gott, werden wir nicht eingehen können in sein Brautgemach, sondern wir werden bei seinem Brautgemach bleiben"[2].

In der Sprache des *Liber Graduum* heisst das, dass nur der ,,Vollkommene", welcher mit dem īḥīdājā durchaus identisch ist, selig werden kann.

Makarius hat das Wort des *Thomasevangeliums* gekannt, wie das wiederholte Vorkommen der Variante νυμφών bezeugt (z.B. Grosser Brief, Jaeger S. 275: νυμφῶνος ἀπεκλείσθησαν). Wichtiger aber ist, dass er die doppelte Bedeutung von Monachos festgehalten hat.

---

[1] E. Beck, *Antonius Magnus Eremita*, Rom 1956, S. 254-261; L'Orient Syrien, III, 1958, S. 273-298.
[2] (prope thalamum).

Der ,,Mönch'' (μονάζων) heisst nach ihm so, weil er allein, ohne Frau lebt, oder auch, weil er seinen Geist (νοῦς) aus vielen Gedanken geeint hat auf Gott hin[1] (56).

Ersteres zeigt, dass für Makarius der μονάζων durchaus der Ledige ist, der nicht geheiratet oder die Heirat aufgegeben hat: der μονήρης βίος besteht ja darin, dass man seine Frau verlässt (45, 1). Und nur so kann man gerettet werden! Auch hier wieder zeigen sich die Verbindungen zur syrischen Askese: μονάζων scheint so viel wie eine Übersetzung des syrischen īḥīdājā zu sein, wie übrigens auch schon im *Thomasevangelium* μοναχός eine Übersetzung von īḥīdājā zu sein scheint.[2] In dieser Hinsicht gehört Makarius wieder einmal in die Geschichte der syrischen Askese hinein.

Andrerseits zeigt die Auffassung des ,,einheitlichen Menschen'', der sich aus der Zerstreuung in der Welt gesammelt hat, dass er Erbe der ganzen enkratitischen Tradition, vor allem des Tatian und des *Thomasevangeliums* ist.

Der Enkratismus des Makarius hat seine Wurzeln in der uralten, in Syrien schon Jahrhunderte lang bekannten Auffassung, dass die realisierte Eschatologie auch ihre Folge hat für die Ehe. Und es ist bezeichnend für die Isolierung des syrischen Christentums, dass eine Auffassung, welche schon von den Pastoralbriefen bekämpft wird (ἀνάστασιν ἤδη γεγονέναι 2 Tim. 2, 13), in Syrien ungehindert innerhalb der Kirche so lange bestehen konnte.

So ist denn die Theologie des Makarius durchaus eine Theologie des wiedergewonnenen Paradieses.

Dieses Paradies aber ist im Himmel:

> ,,Sei bestrebt, einzugehen in die Heilige Stadt, ins friedenreiche, obere Jerusalem, wo auch das Paradies ist'' (25, 7).

Einst lebte der Mensch im Paradies. Er hat aber vom Baum der Erkenntnis gegessen. Da ist die Seele bitter geworden.

> ,,Ebenso ist auch die Seele, die das Gift der Schlange in sich aufgenommen hat, deren bitterer Natur ähnlich und Sünderin geworden'' (47, 15).

Makarius bezieht sich hier auf eine jüdische Vorstellung, nach welcher der Teufel als Schlange in den Baum der Erkenntnis gestie-

---

[1] Marriott, *Macarii Anecdota*, Cambridge (Mass.) 1918, S. 44.
[2] G. Quispel, *L'Évangile selon Thomas et les origines de l'ascèse chrétienne*, Aspects du Judéo-Christianisme, Paris 1965, S. 35-51.

gen ist und die Frucht mit dem Gift des bösen Triebes (der Konkupiszens) infiziert hat.[1]

Es ist aber doch sehr unwahrscheinlich, dass Makarius diese Vorstellung unmittelbar der jüdischen Religion entnommen hat. Denn
schon in den syrischen *Oden Salomos* (± 100) wird auf die *Bitterkeit*
der Bäume angespielt (XI, 21). Auch die *Thomasakten* kennen diese
Vorstellung (c. 44: ᾧ τὸ δένδρον τὸ πικρόν; c. 148 Syr.: Their fruit-tree
in bitterness).

Das setzt voraus, dass die Frucht des Baumes der Erkenntnis bitter
ist, weil sie von der Konkupiszens verdorben worden ist.

Die Vorstellung muss von den Enkratiten aus dem Westen nach
Edessa mitgebracht worden sein. Denn auch die enkratitischen
Petrusakten, welche wohl in Antiochien entstanden sind, wissen vom
bittern Baum. Petrus sagt dort nämlich zum Teufel:

> „Du hast den ersten Menschen durch Konkupiszens verführt
> und hast ihn durch deine Urbosheit auch an einen Körper ge-
> fesselt. Du bist die Frucht des *Baumes der Bitterkeit*, selber ganz
> bitter" (c. 88).

Den ältesten Beleg, worauf wohl all diese Stellen zurückgehen,
bietet das *Ägypterevangelium*. Da fragt Salome: „So hätte ich also
gut getan, nicht zu gebären?"

Worauf Jesus antwortet: „Iss jede Pflanze, die aber, die Bitterkeit
hat, iss nicht".[2] Damit ist der Baum der Erkenntnis gemeint, dessen
Früchte von der Konkupiszenz infiziert waren. So lehren auch die
alexandrinischen Enkratiten, dass die eheliche Gemeinschaft, welche
ja als γνῶσις, Erkennen, bezeichnet wird, deshalb Sünde sci, weil
der Baum der Erkenntnis eben dieses Erkennen, die geschlechtliche
Gemeinschaft, bedeutet.[3]

Wir werden da auf ein Milieu von Juden in der Diaspora-wohl
Alexandrien – verwiesen, welche mit der Auffassung vom Baum der
Erkenntnis als Symbol der Konkupiszens bekannt waren und das
Christentum zuerst als Erlösung von dem bösen Trieb der Ge-
schlechtlichkeit auffassten.

So sagt Jesus im *Ägypterevangelium*:

---

[1] L. Ginsberg, *The Legends of the Jews*, Philadelphia 1946, I, S. 96.
[2] Clemens Alexandrinus, *Strom.*, III, 66. O. Stählin, *Clemens Alexandrinus*
II, Stromata, 2. Auflage, Leipzig 1939, S. 226.
[3] Clemens Alexandrinus, *Strom.*, III, 104. Stählin II. S. 244.

„Ich bin gekommen, die Werke des Weiblichen aufzulösen"[1].

Und so lehrt auch noch Makarius, dass durch Christus die Ehen entbunden sind (51, 1).

Man staunt über die Kontinuität der Vorstellungen und stellt fest, dass die Auffassungen des Makarius eine sehr lange Vorgeschichte haben.

Man kann vielleicht sogar seine Werke benutzen, um darzustellen, was die „jüdischen Mythen" waren, worauf die Gegner des Paulus sich beriefen (Tit. 1, 14).

So ergibt sich, dass die realisierte Eschatologie des Makarius ihre Wurzel hat in der urchristlichen Spannung des „schon erfüllt".... und des „noch nicht erfüllt", kombiniert mit einer sehr archaischen, jüdischen Auffassung des Falles des Menschen als eines Absturzes in die Geschlechtlichkeit.

Dabei wird nun durchaus vorausgesetzt, dass die Seele präexistent ist. Und zwar lebt die Seele vor der Geburt im himmlischen Paradies. Das ist eine jüdische Vorstellung, wahrscheinlich unter platonischem Einfluss entstanden, aber schon lange im Judentum heimisch. Das wird bei Makarius nur angedeutet. So findet sich eine Anweisung zu beten, dass wir den Heiligen Geist mit vollkommener Gewissheit erfahren mögen, um so einzugehen zu dem Ort, von dem wir ausgegangen sind (37, 7).

Oder er sagt, dass die Seele von ihrer Höhe herabgestürzt ist (46, 6); das muss man buchstäblich so verstehen! In einer unveröffentlichten Rede heisst es:

> Vom Wege der Wahrheit sich abkehrend, ist die Seele fern von Gott in die Wüste dieses Äons geraten und hat, indem sie das Licht verliess, sich vom Leben geschieden und sich über die ganze Erde zerstreut.
> Da die Propheten und Gerechten sie nicht zu sammeln vermochten, ist der Herr selbst unter uns getreten, sammelte die zerstreute Seele aus diesem Äon und machte sie fehlerlos und vollkommen[2].

Das *Liber Graduum* setzt auch voraus, dass Adam in einem himmlischen Paradies lebte, wenn es sagt, dass Adam vor dem Falle ständig vor Gottes Angesicht stand, nach dem Falle aber vom Himmel auf

---

[1] Clemens Alexandrinus, *Strom.*, III, 63. Stählin II. S. 225.
[2] H. Dörries, *Symeon*, S. 157.

die Erde gefallen ist: de caelo ad terram cecidisti (21, 17). Und zwar ist die Konkupiszenz Adams Ursache seines Absturzes: concupiscens terram et omnia, quae in ea sunt, de caelo cecidit (20, 6).

So werden dann auch die ,,Vollkommenen" wieder zurückkehren zu ihrem Ursprung, dem himmlischen Paradiese: intrabitis in paradisum spiritualem, unde egressus estis (26, 1).

Es ist aber uralte, enkratitische Lehre, dass die Seele präexistent ist und durch ihre Konkupiszens auf die Erde herunter gekommen ist. Das bezeugt Julius Cassianus, der alexandrinische Enkratit aus dem zweiten Jahrhundert, bei Klemens von Alexandrien. Dieser lehrte, dass die Seele, welche göttlich ist, von oben herab gekommen ist in ‹die Welt von› Geburt und Tod, weil sie durch Begierde verweichlicht war (ἐπιθυμίᾳ θηλυνθεῖσαν). So sei ,,die Geburt durch Trug" entstanden, weil nämlich der Teufel Eva betrogen hatte. Die Seele hat nämlich nach dem Fall einen Leib bekommen, die ,,Kleider von Haut". Diese Urschuld kann nun der Mensch durch Wiedergeburt überwinden. Offenbar hebt die Wiedergeburt die Geburt auf. Die Geburt ist die eigentliche Schuld des Menschen, worauf ja bekanntlich auch die Todesstrafe steht. Nach Cassian soll der Christ nicht mehr zeugen und gebären, sondern sein Wandel ist (schon jetzt) im Himmel.[1] Klemens nennt diese Auffassung ,,ziemlich platonisch". Das braucht aber nicht auf direkten Einfluss von Platon hinzuweisen. Unter Einfluss von Plato hatten gewisse Juden schon gelehrt, dass die Seele vor der Geburt im Paradies präexistent sei.[2] Das kann auch Julius Cassianus gemeint haben, wie die anderen enkratitischen Schriften zeigen.

Das *Thomasevangelium* steht in der Mitte zwischen dem alexandrinischen Enkratismus und Makarius. Mit jenem hat es einiges gemein, das bisher nicht bei Makarius zu finden ist: andrerseits enthält es auch gewisse Ansichten, welche bei Makarius zu finden sind, aber in den griechischen Quellen des Enkratismus fehlen. Und zwar ist das Mythologem des androgynen Adam in Syrien verloren gegangen, während die Lehre von den Gliedern des Geistes sich bisher in westlichen, enkratitischen Quellen nicht belegen lässt.

Auch Thomas setzt die ganze Theologie des verlorenen und wiedergewonnenen himmlischen Paradieses voraus:

---

[1] Clemens Alexandrinus, *Strom.*, III, 93-95. Stählin II. S. 238-240.
[2] R. Meyer, *Hellenistisches in der rabbinischen Anthropologie*, Stuttgart 1937, S. 49-69.

Adam, und jede Seele, war einmal im himmlischen Paradies: Adam war geschlechtslos, wie es die Seele nach antiker Auffassung eigentlich war. Denn nach der Auffassung vieler christlicher und heidnischer Denker trat die geschlechtliche Differenzierung erst mit der Einverleibung der Seele auf.[1]

Allerdings war Adam im Paradies ein vollständiger Mensch, welcher sowohl das Männliche wie das Weibliche enthielt, ehe Eva aus seiner Seite entstand. Auf diese Vorstellung, welche auch bei Philo und wohl auch bei einigen Rabbinen[2] zu finden ist, macht das *Thomasevangelium* eine Anspielung, wenn es sagt: ,,An dem Tage, da ihr eins wart, seid ihr zwei geworden'' (L. 11)[3]. Aber der Mensch hat auch die Möglichkeit bekommen, wieder in das Paradies zurückzukehren, wo Adam und Eva nackt waren, ohne sich zu schämen. Er kann zu dieser Unschuld und himmlischen Reinheit zurückfinden; dann wird Christus ihm offenbar werden:

> ,,Seine Jünger sagten: ,,Wann wirdst du uns erscheinen und wann werden wir dich sehen?''
> Jesus sagte: ,,Wenn ihr euch auszieht (und) nicht geschämt habt und eure Kleider nehmt, sie unter eure Füsse legt wie die kleinen Kinder (und) sie zertretet, dann [werdet ihr sehen] den Sohn des Lebendigen und ihr werdet euch nicht fürchten''.
> Logion 37.

Dieses Logion ist wahrscheinlich eine Amplifikation einer Stelle des *Ägypterevangeliums*: ὅταν τὸ τῆς αἰσχύνης ἔνδυμα πατήσητε.[4] Es ist auch Makarius bekannt gewesen und ist eine Quelle für seine Brautmystik geworden. Die Seele, welche die Scham abgelegt hat (ἀποθεμένη τὴν τοῦ προσώπου αἰσχύνην), verkehrt allein mit ihrem himmlischen Bräutigam: und weil ihr Herr eins ist, ist sie selbst einheitlich.[5] Die eschatologische Endzeit, die geistige Hochzeit, ist schon hier und jetzt vorweggenommen: ,,Paradise regained''. Auch nach dem *Thomasevangelium* kehrt der Mensch zurück zum Paradiese, aus dem er gekommen ist. Wie das himmlische Paradies der Ursprung ist, so ist es auch das Ende. Urzeit und Endzeit sind eins.

---

[1] J. H. Waszink, *De Anima*, Amsterdam 1947, S. 420.
[2] Gen. R. VIII, 1; cf. b Megillah 9a.
[3] A. F. J. Klijn, The ,,*Single one*'' in the Gospel of Thomas, Journal of Biblical Literature, LXXXI, 1962, S. 271-278.
[4] Clemens Alexandrinus, *Strom.*, III, 92. Stählin II. S. 238.
[5] Dörries, *Symeon*, S. 229.

Das war schon ausgedrückt in einem apokryphen Jesuswort, das beim apostolischen Vater Barnabas lautet:

λέγει δὲ κύριος· ἰδού, ποιῶ τὰ ἔσχατα ὡς τὰ πρῶτα. (6, 13)

Etwas ausführlicher sagt die syrische *Didaskalie*: ,,Denn er hat gesagt: siehe, ich mache das Erste zum Letzten und das Letzte zum Ersten'' (26).[1]

Es ist möglich, dass Logion 18 nicht mehr als eine Amplifikation dieses Herrenwortes ist, für welche der Autor des *Thomasevangeliums* verantwortlich ist:

> ,,Die Jünger sagten zu Jesus: Sage uns, wie unser Ende sein wird.
> Jesus sagte: Habt ihr denn schon den Anfang entdeckt, dass ihr nach dem Ende fragt? Denn dort, wo der Anfang ist, dort wird auch das Ende sein. Selig ist, wer am Anfang stehen wird, und er wird das Ende erkennen und den Tod nicht kosten''.

Wer zum ursprünglichen Paradiese zurückgekehrt ist, weiss, dass dieser Ursprung auch das Letzte ist, mit dem Unterschied, dass Adam noch den Tod kosten konnte, was jetzt nicht mehr der Fall ist. Das Paradies ist Ursprung der präexistenten Seele und ihr Ziel. Eine ähnliche Seligpreisung findet sich auch in Logion 49, das wegen der Benutzung des Wortes ,,Monachos'' die Hand des enkratitischen Autors verrät:

> ,,Jesus sagte: Selig sind die Einsamen und Auserwählten, denn ihr werdet das Reich finden, weil ihr daraus seid (und) wieder dorthin gehen werdet''.

Hier wird wieder einmal deutlich ausgesprochen, dass *nur* die μοναχοί, die Unverheirateten, selig werden können. Wenn sonst gesagt oder angedeutet wird, dass die Seelen im Paradiese präexistent seien, heisst es nun, sie stammten aus dem Gottesreich. Das bedeutet, dass im *Thomasevangelium* das Gottesreich mit dem himmlischen Paradies identisch ist.

Genau dasselbe meint das Logion 50, wenn es sagt, die Jünger Jesu seien aus dem Licht gekommen! Das lichthafte Paradies, das Gottesreich und das Licht sind ein und dasselbe.

---

[1] H. Achelis und J. Flemming, *Die Syrische Didaskalia*, Leipzig, 1904, S. 136.

Logion 19 werden die selig gepriesen, die waren, bevor sie wurden, d.h. in der Welt des Werdens geboren wurden. Das geht auf Platons Phaedon zurück, wo gesagt wird, dass unsere Seele war, bevor sie wurde (Phaedon 76 e.). Die Seele ist also nach dem *Thomasevangelium* präexistent. Das Logion schliesst mit der Bemerkung:

> ,,Denn ihr habt fünf Bäume im *Paradiese*, die sich Sommer (und) Winter nicht rühren und deren Blätter nicht abfallen. Wer sie kennt, wird den Tod nicht kosten''.

Dahinter steht die jüdische, eschatologische Vorstellung, dass in der Mitte der endzeitlichen Gottesstadt der Baum des Lebens steht (*Apok.* 22, 2).

H.-Ch. Puech hat entdeckt, was die fünf Bäume bedeuten.[1] Es sind die fünf Glieder des Geistes, welche den Menschen im Paradies bekleideten und die den neuen, erlösten Menschen, der zurückgekehrt ist zum Paradies, wieder bekleiden. Die fünf Bäume sind nur der vielfache Ausdruck des einen Baumes, des Baumes des Lebens, dessen Frucht das ewige Leben gibt.

Auch in den *Thomasakten* wird der Heilige Geist angerufen als der Alte (πρεσβύτερος) oder, mit wahrscheinlicher Korrektur, als der Gesandte (πρεσβεύτης) der fünf Glieder, νοῦς, ἐννοία, φρόνησις, ἐπιθύμησις, λογισμός (c. 27).

Der Autor des *Thomasevangeliums* lehrt Logion 22, dass der Mensch ganz andere Glieder bekommen muss, wenn er ins Reich eingehen will: ,,Wenn ihr Augen anstelle eines Auges macht und eine Hand anstelle einer Hand und einen Fuss anstelle eines Fusses, ein (geistiges) Bild anstelle eines (irdischen) Bildes, dann werdet ihr (ins Reich] eingehen''.

Das *Liber Graduum* (2, 6) hat das Bild der *Bäume* des Paradieses übernommen. Die reinen Herzens sind und schlechthin alle Feinde versöhnt haben,

> obtinebunt *arbores* paradisi supercaelestis, de quibus iussus est Adam comedere et delectari.

Bei Makarius hat das dazu geführt, dass nach ihm der Geist als himmlischer Mensch sich Glied für Glied mit dem inneren Menschen vereinigt.

---

[1] Annuaire du Collège de France, 62, 1961-1962, S. 195-201.

„Wenn jemand Gott liebt, so mischt auch Er seine Liebe dazu. Wenn du an ihn glaubst, so fügt Er dir den himmlischen Glauben bei, und der Mensch wird *zweifach*. Soviel du ihm nähmlich aus deinen *Gliedern* darbringst, soviel mischt auch Er aus Seinen *Gliedern* deiner Seele bei" (15, 22).

Diese Lehre kommt uns sowohl bei Makarius als bei Thomas merkwürdig vor. Aber die Voraussetzung ist, dass der Mensch einmal Geist hatte und jetzt wieder Geist bekommt. Dann kommen mit dem Geiste auch die geistigen Glieder des neuen Menschen hinzu. Wir sahen, dass die Lehre des Makarius, wie jeglicher Enkratismus, die realisierte Eschatologie zur Voraussetzung hat. Daraus schloss er, dass die Ehe aufgehoben war, weil das Paradies wiedergekommen war und damit die ursprüngliche Einheit und Reinheit des Menschen. Christus hat die ursprüngliche Natur wieder ans Licht gebracht:
τὴν μὲν ἀρχαίαν φύσιν φανερώσας:[1]
nun kann die Seele schon jetzt zum Ursprung, zu dem Paradiese, aus dem sie stammte, zurückkehren. Die realisierte Eschatologie, die Identifizierung der Erlösten mit den Unverheirateten, die Ideologie des himmlischen Paradieses findet sich auch im *Thomasevangelium*. Makarius hat nicht nur das Thomasevangelium gekannt und zitiert, sondern er teilt auch weitgehend die Auffassungen dieser apokryphen Schrift. Beide gehören in einen Sinnzusammenhang, der sich am besten als Enkratismus bezeichnen lässt.

So können denn auch Makarius und das *Liber Graduum* dazu beitragen, schwierige Logien des *Thomasevangeliums* zu erklären, auch wenn sie einige Jahrhunderte später sind. Haben wir doch gezeigt, dass sie alle Abarten einer viel älteren Tradition sind. Und was das *Thomasevangelium* kurz, prägnant und änigmatisch ausspricht, führen sie breit aus.

Als Beispiel dafür wähle ich das Logion 14:

„Es sagte Jesus zu ihnen: Wenn ihr fastet, werdet ihr euch eine Sünde schaffen; und wenn ihr betet, werdet ihr verurteilt werden; und wenn ihr Almosen gebt, werdet ihr euren Geistern etwas Schlechtes tun; und wenn ihr in irgendein Land geht und in den Gebieten wandelt, wenn man euch aufnimmt, esst, was man euch vorsetzt, heilt die Kranken untern ihnen. Denn was hineingeht in euren Mund, wird euch nicht verunreinigen. Aber was aus eurem Munde herauskommt, das ist es, was euch verunreinigen wird".

---

[1] Dörries, *Symeon*, S. 226.

Dieses Logion ist wohl eine Antwort auf die Fragen der Jünger in Logion 6:

> „Seine Jünger fragten ihn, sie sagten zu ihm: Willst du, dass wir fasten, und wie sollen wir beten und Almosen geben, und welche Speisevorschriften sollen wir beobachten?"

Weil der griechische Text des *Thomasevangeliums* Pap. Ox. 654, 5 ungefähr dieselbe Antwort enthält: „Jesus sagt (Lügt nicht und) tut nicht, was ihr hasst usw." (was ja gar keine Antwort ist), ist es nicht wahrscheinlich, dass erst die Textüberlieferung Frage und Antwort geschieden hat.

Eher hat der Autor des *Thomasevangeliums* Frage und Antwort in seiner (enkratitischen) Quelle zusammen gefunden und sie eigenmächtig geschieden.

Die Antwort richtet sich gegen das jüdische Gesetz, das Fasten, Beten, Almosengeben vorschreibt und Speisegesetze gibt. Dieses Gesetz gilt für den Christen nicht mehr.

Für die Verwerfung von Gebet, Fasten und Wohltätigkeit bietet das *Liber Graduum* eine schöne Parallele:

> „Weshalb *fasten* wir *nicht* zweimal in der Woche, wie es den *Gerechten* vorgeschrieben ist?" „Die Volkommenen fasten täglich".
>
> „Und weshalb *beten* wir *nicht* dreimal, am Tage und am Morgen und am Abend, wie es den Gerechten vorgeschrieben ist?" „Die Volkommenen verherrlichen Gott während des ganzen Tages".
>
> „Und weshalb halten wir das *Gesetz* Gottes nicht und geben keine Almosen und beten nicht an jenen Tagen, wie es den Gerechten vorgeschrieben ist?" „Die Vollkommenen fasten an allen Tagen und beten fortwährend zu Gott" (7, 20).

Das zeigt, was das *Thomasevangelium* meint; das gesetzlich verpflichtete Fasten und Beten, das vorgeschriebene Geben wird verboten, weil es für den Christen des *Thomasevangeliums* keine Gebote mehr gibt. Und wie ein fernes Echo des *Thomasevangeliums* klingt es, wenn Timotheus von Konstantinopel von den Messalianern sagt, dass sie lehren, überhaupt keine Almosen zu geben, sondern den Bedürftigen lieber seinen ganzen Besitz zu schenken.[1]

Auch Makarius warnt vor dem gesetzlichen Beten:

---

[1] Kmosko, *Liber Graduum*, S. CCXXVIII.

„Wir dürfen nicht nach der Sitte *körperlich beten*, weder in der Gewohnheit des Schreiens, noch der des Kniebeugens, sondern man muss stets nüchtern im Geist Gott erwarten[1].

„Vor allem aber müssen wir unser Gebet in Glauben und Gottesfurcht vollbringen und dürfen nicht etwa auf leibliche Sitten unser Vertrauen setzen, die Gewohnheit des Schreiens, die Gewohnheit des Schweigens, die Gewohnheit des Kniebeugens, während unser Sinn sich in Verwirrung, Leichtsinn und Vergessenheit ergibt"[2].

So meint auch „Thomas", der Christ solle nicht an vorgeschriebenen Tagen oder Stunden gesetzlich beten, sondern sein ganzes Leben solle ein fortwährendes Gebet sein. Und wenn er sagt, dass der Christ keine Almosen geben darf, bedeutet dies, dass er all seinen Besitz wegschenken und nicht mit Almosen zufrieden sein soll. Die folgenden Zeilen von Logion 14 zeigen, dass für die Christen ein Wanderleben vorausgesetzt wird. Sie wandern durch die Länder, bis sie irgendwo für einige Zeit Aufnahme finden. So lebten die syrischen Wanderlehrer, deren Leben der pseudo-klementinische Brief *de Virginitate* darstellt.[3]

Erstaunlich scheint, dass Enkratiten so frei über die Speisevorschriften denken und essen, was ihnen vorgesetzt wird. Aber man muss bedenken, dass die Weisung gegen die jüdische Gesetzlichkeit gerichtet ist.

So wird auch in den messalianischen *Philippusakten* Jesus von jüdischer Seite vorgeworfen, dass er das Gesetz aufhebe, die Reinigung, welche von Moses verordnet war, verwerfe, ebenso wie die Sabbate und die Neumonde, und lehre, einfach alles zu essen (ἐσθίειν πάντα ἁπλῶς) und sich mit den Heiden zu vermischen.[4] Die enkratitischen *Sprüche des Sextus*, welche gegen Ende des zweiten Jahrhunderts wohl in Alexandrien geschrieben wurden, stehen sogar dem Fleischgenuss sehr tolerant gegenüber. Dieser ist an sich indifferent, obwohl die Enthaltung davon vernünftiger ist.[5] Und dabei beruft Sextus sich auf dasselbe Jesuswort, das auch bei

---

[1] Dörries, *Symeon*, S. 191.
[2] id., 221.
[3] G. Kretschmar, *Ein Beitrag zur Frage nach dem Ursprung frühchristlicher Askese*, Zeitschrift für Theologie und Kirche, 61, 1964, S. 27-67.
[4] Acta Philippi 15, Lipsius Bonnet II, S. 8.
[5] H. Chadwick, *The Sentences of Sextus*, Cambridge 1959, S. 24:
109: ἐμψύχων ἀπάντων χρῆσις μὲν ἀδιάφορον, ἀποχὴ δὲ λογικώτερον.
110: οὐ τὰ εἰσιόντα διὰ τοῦ στόματος σιτία καὶ ποτὰ μιαίνει τὸν ἄνθρωπον, ἀλλὰ τὰ ἀπὸ κακοῦ ἤθους ἐξιόντα.

,,Thomas'' zu finden ist. Dieses Wort wird bei Matthäus 15, 11 par. überliefert. Und die Übereinstimmung ist so gross, dass hier wohl an Abhängigkeit von Matthäus zu denken ist. Schon Paulus hatte das Jesuswort, das Lukas 10, 8 überliefert wird:

ἐσθίετε τὰ παρατιθέμενα ὑμῖν,

in einem antinomistischen Sinne benutzt, als er sich auf dieses Wort berief, um das Essen von Opferfleisch zu rechtfertigen, was Juden und Judenchristen ein Greuel war (1 Cor. 10, 27).

Auch die Enkratiten haben sich auf Grund dieses Jesuswortes gegen die jüdischen Speisevorschriften gekehrt. Dabei unterscheiden sie sich nicht stark von Paulus. Dass sie kein Fleisch assen und keinen Wein tranken, verhinderte nicht, dass sie die jüdischen Speisevorschriften verwarfen.

Auch das *Liber Graduum* kehrt sich, wie wir sahen, gegen das Gesetz: und doch sagt es noch immer, dass der Volkommene, der īḥīdājā, kein Fleisch isst und keinen Wein trinkt (10, 5).

Das *Thomasevangelium* einerseits und das *Liber Graduum* und Makarius andrerseits ergänzen sich gegenseitig und müssen benutzt werden zur gegenseitigen Erklärung, weil sie zur selben geistigen Strömung gehören.

VI

MAKARIUS UND DAS LIED VON DER PERLE

Das Lied von der Perle ist enthalten in den *Thomasakten* (c. 108-113), die etwa um 225 n. Chr. in Edessa geschrieben wurden.[1] Der Autor benutzte das *Thomasevangelium*, wie Henri-Charles Puech bewiesen hat.[2] So würde man erwarten, dass das *Thomasevangelium* auch für die Interpretation des Liedes von der Perle nützlich wäre.

Dem steht die Annahme entgegen, dass das Lied von der Perle nicht vom Autor der *Thomasakten* herrührt, sondern sogar vorchristlicher bzw. iranischer Herkunft ist. Diese Auffassung hat Hans Jonas neuerdings temperamentvoll verteidigt, unter Berufung auf mandäische und naassenische Quellen.[3] Auch Geo Widengren meint noch immer, im Perlenliede den Schlüssel zum Beweis einer vorchristlichen, iranischen Gnosis zu finden.[4] So auch, mit anderen Argumenten, Alfred Adam.[5] Im Hintergrunde steht Richard Reitzenstein mit seinem iranischen Mythos des erlösten Erlösers; beteiligt ist die Bultmannschule, welche diese Theorien der religionsgeschichtlichen Schule begeistert übernommen hat und hartnäckig daran festhält.

Mir scheint es aber, dass der Rückzug auf entfernte Gebiete der iranischen, mandäischen und naassenischen Religion unnötig ist, wenn das Gedicht sich aus dem Geiste des syrischen Christentums erklären lässt. Das ist nun meiner Ansicht nach in der Tat der Fall. Um dies zu beweisen, drucken wir das Lied von der Perle noch einmal in der letzten Übersetzung von Günter Bornkamm ab:

1 Als ich ein kleines Kind war
  Und im ‹ Reiche ›, dem Hause meines Vaters wohnte

---

[1] Vergleiche zum Folgenden:
A. F. J. Klijn, *The so-called Hymn of the Pearl*, V.C., XIV, 3, 1960, S. 154-164;
Das Lied von der Perle, Eranos Jahrbuch 1965, Zürich 1966. S. 1-24.
[2] Neutestamentliche Apokryphen, 3, I, Tübingen 1959, S. 206-207.
[3] *The Bible in modern Scholarship*, New York 1965, S. 279-286.
[4] *Iranisch-semitische Kulturbegegnung in parthischer Zeit*, Köln 1960, S. 27: „ein Dokument parthischer Gnosis".
[5] A. Adam, *Die Psalmen des Thomas und das Perlenlied als Zeugnisse vorchristlicher Gnosis*, Berlin 1959.

2 Und am Reichtum und der ‹Pracht›
   Meiner Erzieher mich ergötzte,

3 Sandten mich meine Eltern aus dem Osten, unserer Heimat,
   Mit einer Wegzehrung fort;

4 Und aus dem Reichtum unseres Schatzhauses
   Hatten sie mir schon längst eine Traglast zusammengebunden.

5 Sie war gross, aber (so) leicht,
   Dass ich sie allein zu tragen vermochte:

6 Gold vom Hause der Hohen
   Und Silber vom grossen Ga(n)zak

7 Und ‹Chalcedone aus› Indien
   Und ‹Opale des› Kûšanreiches.

8 Und sie gürteten mich mit Diamant,
   Der Eisen ritzt.

9 Und sie zogen mir das ‹Strahlen(kleid)› aus,
   Das sie in ihrer Liebe mir gemacht hatten,

10 Und meine scharlachfarbene Toga,
   Die meiner Gestalt angemessen gewebt war,

11 Und machten mit mir einen Vertrag
   Und schrieben ihn mir in mein Herz, dass ich (ihn) nicht
                         [vergessen sollte:

12 ,,Wenn du nach Ägypten hinabsteigst
   Und die eine Perle ‹bringst›,

13 Die im Meere ist,
   Das der schnaubende Drachen umringt,

14 Sollst du dein Strahlen(kleid) (wieder)anziehen
   Und deine Toga, die darüber liegt,

15 Und mit deinem Bruder, unserm Zweiten,
   ‹Erbe› in unserem Reiche ‹werden›''.

16 Ich verliess den Osten und stieg hinab,
   Geleitet von zwei ‹Kurieren›,

17 Da der Weg gefahrvoll und schwierig
   Und ich (noch zu) jung war, ihn (allein) zu gehen.

18 Ich schritt über die Grenzen von Maišân (Mesene),
   ‹Dem Sammelpunkt der Kaufleute› des Ostens,

19 Und gelangte ins Land Babel
   Und trat ein in die Mauern von Sarbûg,

20 Ich stieg herab nach Ägypten,
   Und meine Begleiter verliessen mich.

21 Ich ging geradewegs zum Drachen,

Liess mich nahe bei seiner Herberge nieder,
22 Bis dass er schlummern und schlafen würde,
Um (dann) von ihm meine Perle zu nehmen.
23 Und da ich einer und einsam war,
War ich den Mitbewohnern meines Rasthauses fremd.
24 ‹Aber› einen Stammesgenossen, einen Edelmann
Aus ‹dem Osten›, sah ich dort,
25 Einen schönen (und) lieblichen Jüngling,
26 Einen ‹Gesalbten›,
Und er kam, mir ‹.› anzuhangen,
27 Und ich machte ihn zu meinem Gesprächspartner,
Dem Genossen, dem ich mein Geschäft (Sendung) mitteilte.
28 Ich warnte ihn vor den Ägyptern
Und dem Verkehr mit den Unreinen.
29 Ich aber kleidete mich gleich ihren Gewändern,
Damit ‹sie mich› nicht ‹beargwöhnten›, dass ich von aussen
[gekommen wäre,
30 Um die Perle zu nehmen,
Und ‹sie› (nicht) gegen mich den Drachen ‹weckten›.
31 Aber aus irgeneiner Ursache
Merkten sie ‹.›, dass ich nicht ihr Landsmann war,
32 Und sie mischten (sich) mit mir durch ihre Listen,
Auch gaben sie mir zu kosten ihre Speise,
33 Ich vergass, dass ich ein Königssohn war,
Und diente ihrem König.
34 Und ich vergass sie, die Perle,
Um derentwillen mich meine Eltern geschickt hatten.
35 Und durch die Schwere ihrer ‹Nahrung›
Sank ich in tiefen Schlaf.
36 ‹Und alles dieses›, das mir zustiess,
Bemerkten meine Eltern und betrübten sich um mich.
37 Und eine Botschaft erging in unserem Reich,
Jedermann solle zu unserem Tor reisen,
38 Die Könige und Häupter Parthiens
Und alle Grossen des Ostens.
39 Und sie fassten einen Beschluss über mich,
Dass ich nicht in Ägypten gelassen werde,
40 Und sie schrieben mir einen Brief,
Und jeder ‹Grosse› setzte seinen Namen darauf:
41 ,,Von deinem Vater, dem König der Könige,

    Und deiner Mutter, der Herrscherin des Ostens,

42 Und von deinem Bruder, unserem Zweiten,
    Dir, unserem Sohn in Ägypten, Gruss!

43 ‹Erwach› und steh auf von deinem Schlaf,
    Und vernimm die Worte unseres Briefes.

44 Erinnere dich, dass du ein Königssohn bist.
    Sieh die Knechtschaft: wem du dienst.

45 Gedenke der Perle,
    Derentwegen du nach Ägypten gegangen bist.

46 Erinnere dich deines Strahlen(kleides),
    Gedenke deiner herrlichen Toga,

47 Damit du sie anlegst und ‹dich damit schmückst›,
    ‹Auf dass› im Buch der Helden dein Name ‹gelesen werde›

48 Und du mit deinem Bruder, unserem Stellvertreter,
    ‹Erbe› in unserem Reiche ‹werdest›.

49 Und mein Brief war ein Brief,
    Den der König mit seiner Rechten ‹versiegelt hatte›,

50 Vor den Bösen, den Leuten aus Babel
    Und den ‹aufrührerischen› Dämonen von Sarbûg.

51 Er flog in Gestalt des Adlers,
    Des Königs (alles) Gefieders,

52 Er flog und liess sich nieder neben mir
    Und wurde ganz Rede.

53 Bei seiner Stimme und der Stimme ‹seines Rauschens›
    Erwachte ich und stand auf von meinem Schlaf,

54 Nahm ihn und küsste ihn,
    Und ich löste ‹sein Siegel› und las.

55 Und ganz wie (es) in meinem Herzen stand,
    Waren die Worte meines Briefes geschrieben.

56 Ich gedachte, dass ich ein Königssohn sei
    und meine Freiheit nach ihrer Natur verlange.

57 Ich gedachte der Perle,
    Derentwegen ich nach Ägypten gesandt ward,

58 Und ich begann zu bezaubern
    Den schrecklichen und schnaubenden Drachen.

59 Ich brachte ihn in Schlummer und Schlaf,
    Indem ‹.› ich den Namen meines Vaters über ihm nannte

60 Und den Namen unseres Zweiten
    Und den meiner Mutter, der Königin des Ostens,

61 Und ich erhaschte die Perle

Und kehrte um, um mich nach meinem Vaterhaus zu wenden.

62 Und ihr schmutziges und unreines Kleid
Zog ich aus und liess es in ihrem Lande

63 Und richtete meinen Weg, ‹dass ich käme›
Zum Licht unserer Heimat, dem Osten.

64 Und meinen Brief, meinen Erwecker,
Fand ich vor mir auf dem Wege;

65 Wie er mit seiner Stimme ‹mich› geweckt hatte,
(So) leitete er mich ferner mit seinem Licht,

66 Auf chinesischem Gewebe mit Rötel (geschrieben),
Vor mir mit seinem Aussehen glänzend

67 Und durch seine Stimme und durch seine Führung
Wiederum mein Eilen ermutigend

68 Und mich mit seiner Liebe ‹ziehend›.

69 Ich zog hinaus, kam durch Sarbûg,
Liess Babel zu meiner Linken

70 Und gelangte zur grossen (Stadt) Maišân (Mesene),
Dem Hafen der Kaufleute,

71 ‹Das› am Ufer des Meeres ‹liegt›.

72 Und mein Strahlen(kleid), das ich ausgezogen hatte,
Und meine Toga, mit der es umhüllt war,

73 Sandten von den Höhen ‹von› Warkan (Hyrkanien)
meine Eltern dorthin

74 Durch ihre Schatzmeister,
Die wegen ihrer Wahrhaftigkeit damit betraut waren.

75 Wohl erinnerte ich mich nicht mehr seiner Würde,
Weil ich es in meiner Kindheit in meinem Vaterhaus gelassen
                                                    hatte,

76 (Doch) plötzlich, als ich es mir gegenüber sah,
Wurde das ‹Strahlen(kleid)› (ähnlich) meinem Spiegelbild
                                            mir gleich;

77 Ich sah es ‹ganz› in mir,
Und in ihm sah ich (mich) auch ‹mir ganz› gegenüber,

78 So dass wir Zwei waren in Geschiedenheit
Und wieder Eins in einer Gestalt.

79 Und auch die Schatzmeister,
Die es mir gebracht hatten, sah ich ebenso,

80 Dass sie zwei waren von einer Gestalt,
Denn ein Zeichen des Königs war ihnen eingezeichnet,

81 (Dessen), der mir die ‹Ehre›,

Mein Pfand und meinen Reichtum durch sie zurückgab,
82 Mein Strahlen(kleid), geschmückt
   ‹.› In herrlichen Farben ‹erglänzend›,
83 Mit Gold und mit Beryllen,
   Mit Chalcedonen und ‹Opalen›
84 Und verschieden ‹farbigen› ‹Sardonen›,
   Auch dies in seiner Erhabenheit gefertigt,
85 Und mit Steinen von Diamant
   (Waren) all seine (Gürtel-?) Gelenke festgesteckt.
86 Und das Bild des Königs der Könige
   War ihm ‹vollständig› überall aufgemalt
87 ‹Und wie› Steine von Saphir
   Wiederum seine Farben blau gemalt.
88 Ich sah ferner überall an ihm
   Die Bewegungen der ‹Erkenntnis› zucken.
89 Und ferner sah ich,
   Dass es sich wie zum Reden anschickte.
90 Den Klang seiner Lieder vernahm ich,
   Die es bei ‹seinem Herabkommen› lispelte:
91 ,,Ich gehöre dem tapfersten Diener an,
   Für den sie mich vor meinem Vater grosszogen,
92 Und ich ‹nahm› auch an mir selbst ‹wahr›,
   Dass meine Gestalt entsprechend seinen Werken wuchs''.
93 Und mit seinen königlichen Bewegungen
   Ergoss es sich ganz zu mir hin,
94 Und an der Hand seiner Überbringer
   Eilte es, dass ich es nehmen sollte;
95 Und auch mich stachelte meine Liebe,
   Ihm entgegenzulaufen und es zu empfangen,
96 Und ich streckte mich hin und empfing es.
   Mit der Schönheit seiner Farben schmückte ich mich.
97 Und meine glänzendfarbige Toga
   Zog ich ‹vollständig› über mich ganzen.
98 Ich bekleidete mich damit und stieg empor
   Zum Tore der Begrüssung und der Anbetung.
99 Ich neigte mein Haupt und betete an
   Den Glanz des Vaters, ‹der› mir es (das Kleid) gesandt hatte,
100 Dessen Gebote ich ausgeführt hatte,
   Wie auch er getan, was er verheissen hatte.
101 Am Tore seiner Satrapen

Mischte ich mich unter seine Grossen.
102 Denn er freute sich über mich und empfing mich,
Und ich war mit ihm in seinem Reich.
103 Und mit ‹Orgel›klang
Priesen ihn alle seine Diener.
104 Und er verhiess mir, dass ich wieder zum Tore
Des Königs der Könige mit ihm reisen
105 Und mit meiner Gabe und mit meiner Perle
Mit ihm vor unserem König erscheinen sollte.

Zum Verständnis dieses Gedichtes trägt das *Thomasevangelium* dreierlei bei: erstens enthält es eine Version des Gleichnisses von der Perle, welche als Grundlage des Perlenliedes aufzufassen ist; zweitens enthält es einige Logien über die Begegnung mit dem Schutzengel, welche die Ausführungen des Perlenliedes über die Begegnung mit dem himmlischen Kleide verständlich machen; drittens spricht es vom Ausziehen des Gewandes bei der Wiederkehr.

1) Das Perlengleichnis im *Thomasevangelium* weicht stark von Matthäus (13, 45) ab und lautet folgendermassen:

> „Jesus sagte: Das Reich des Vaters gleicht einem Handelsmann, der Ware hat, der eine Perle gefunden hat. Jener Händler ist klug. Er verkaufte die Ware (und) kaufte sich die einzige Perle. Sucht auch ihr nach dem Schatze, der nicht aufhört zu bestehen, dort, wohin keine Motten dringen, um zu fressen, und (wo) auch kein Wurm zerstört" (Logion 76).

Man muss sich deutlich machen, dass dies eine Version des Gleichnisses ist, welche nicht von Matthäus stammt, sondern einer unabhängigen Tradition entnommen ist. Dass diese nun auch besser ist als die kanonische Überlieferung, wie Joachim Jeremias zeigt[1], ist für unsere Zwecke nicht wichtig. Es genügt, wenn feststeht, dass die Version des *Thomasevangeliums* nicht der redaktionellen Arbeit des Autors, sondern einer festen Tradition zu verdanken ist. Das geht nun aus folgenden Tatsachen hervor: wie das *Thomasevangelium* sagen Ephrem Syrus[2], das *Leben von Rabbula*[3], Aphraates[4] und der

---

[1] J. Jeremias, *Die Gleichnisse Jesu*, S. 198-199.
[2] Ephrem Syrus, Lamy IV, 701, 20: Tu es vir ille *sapiens* etc. (cf. L. Leloir, *L'Évangile d'Éphrem d'après les oeuvres éditées*, Louvain 1958, S. 28.)
[3] Vita Rabbulae, Overbeck S. 165: Quasi *sapiens* mercator etc. (cf. Tj. Baarda, *The Gospeltext in the Biography of Rabbula*, V.C., XIV, 1960, S. 112).
[4] Aphraates, *Demonstr.* XIV, 16, Parisot S. 610: *Prudens* mercator facultates suas vendat et margaritam *sibi* comparet.

syrische Mystiker Isaak von Nineve[1], dass der Kaufmann *klug* ist.

Das wird weder im *Diatessaron* noch in dem kanonischen Text gesagt: die Variante ist also einer freien, in Syrien bekannten Tradition entnommen.

Woher diese Tradition stammt, zeigen die *Pseudo-Klementinen*, *Recognitiones* 3, 62: ,,Der wahre Prophet (Jesus) hält nur den für klug (sapiens), der all das Seine verkauft und die *eine* echte *Perle* kauft (*unam* veram *margaritam*, Matth.: αὐτόν).

Das Logion im *Thomasevangelium* ist also der judenchristlichen Quelle entnommen.

Es zeigt uns einen Grosskaufmann, der ein φόρτιον hatte. Φόρτιον kann Last und Ladung, sogar Schiffsladung bedeuten. Hier ist doch wohl an Waren gedacht, welche der Kaufmann im Rucksack auf dem Rücken trägt. Das können natürlich sehr kostbare Waren gewesen sein.

Unerwarteterweise trifft er auf seiner Reise im Ausland irgendwo eine Perle an, welche er kaufen kann. Da zeigt sich, dass er ein guter Geschäftsmann ist, welcher ein grosses Risiko zu nehmen wagt, um auf einmal, mit einem Schlage reich zu werden. Er verkauft alle Waren, die er bei sich hat, und kann so die eine Perle kaufen.

Hans Jonas hat bemerkt, dass der Sinnzusammenhang des Perlengleichnisses ein ganz anderer ist als der Sinnzusammenhang des Perlenliedes. Letzteres hat seinen Sinn erst in Verbindung mit iranischen, mandäischen und naassenischen Quellen, welche die eigentliche Bedeutung der Perlensymbolik erst eröffnen. Das Perlenlied gehört also in einen gnostischen Kontext. Im Gleichnis aber steht die Perle (wie der Schatz im Acker) für den Höchstwert dessen, was der Finder besitzen wird, wenn er klug genug ist, es zu erwerben: einen Platz im kommenden Reiche. Das Gleichnis ist also ein blasses Echo des Perlenliedes; möglicherweise ist aber auch die Übereinstimmung der Perlensymbolik rein zufällig, ,,mere coincidence.''[2]

Darauf ist zu antworten: Für die Frage des Zusammenhanges zwischen dem *Thomasevangelium* und dem Perlenliede hat es gar keine Bedeutung, was der Sinnzusammenhang des Gleichnisses im Munde Jesu oder bei Matthäus oder gar, was nicht dasselbe ist, in der judenchristlichen Quelle des *Thomasevangeliums* ist. Für uns ist

---

[1] Isaac von Nineveh XXIV, Wensinck S. 121: Be alert, my brother, and be like a *prudent merchant*, bearing thy pearl and wandering through the world.....

[2] *The Bible in Modern Scholarship*, New York 1965, S. 279-286.

nur relevant, was die Bedeutung des Gleichnisses war für den enkratitischen Autor des *Thomasevangeliums* und für die enkratitische
Gemeinde Edessas, der er angehörte. Was war sein enkratitisches
Vorverständnis? Wie er das Gleichnis verstand, zeigt er dadurch,
dass er es mit einem paränetischen Spruch verband, der für ihn eine
sehr spezifische Bedeutung hatte:

> „Sucht auch ihr nach dem Schatze, der nicht aufhört zu be-
> stehen, dort, wohin keine Motten dringen, um zu fressen, und
> (wo) auch kein Wurm zerstört".

Das ist natürlich eine Parallele zu Matthäus 6, 19-21 und Luc. 12,
33-34, ohne davon abhängig zu sein. Wie dieses Logion zu verstehen
ist, lehrt Tatian: dieser bezog das Schriftwort, sich keine Schätze
auf der Erde zu sammeln, auf die Erzeugung der Kinder (ἐπὶ τεκ-
νοποιίας).[1]

Da sehen wir, dass die Enkratiten weiter gingen als die Judenchristen und nicht nur auf den Besitz verzichteten, sondern auch
auf jede physische, natürliche, zeitliche Bindung an der Welt.[2] So
muss denn auch das Perlengleichnis im *Thomasevangelium* enkratitisch verstanden werden.

Nur wer, wie der Kaufmann, alles, was er bei sich hat, verkauft,
sowohl auf Besitz wie auf Ehe verzichtet, kann die eine Perle für sich
erwerben und in das himmlische Reich Gottes, ins Paradies Eingang
finden. Denn der Kaufmann ist ja ein Reisender, der in der Fremde
verkehrt.

Dieser enkratitische Sinnzusammenhang bringt die Parabel in
die nächste Nähe zum Perlenlied.

Der Prinz lebt im Reiche des Vaters, das im Osten liegt. Das Paradies liegt ja nach der *Genesis* (2, 8) im Osten (Sept.: κατὰ ἀνατολάς).
Er lebt dort in Reichtum und Wonne (τρυφῇ): denn das Paradies
ist ja ein παραδεῖσος τῆς τρυφῆς (*Gen.* 3, 24).

Er war noch ein kleines Kind, ein βρέφος ἄλαλον, wie der griechische
Text sagt: denn nach einer weitverbreiteten christlichen Auffassung
waren Adam und Eva noch Kinder, als sie im Paradies verweilten.[3]
Für die Enkratiten hatte das Symbol des Kindes allerdings noch eine

---

[1] Clemens Alexandrinus, *Strom.*, III, 86, 3, Stählin, II. S. 235-236.

[2] F. Bolgiani, *La tradizione Eresiologica sull' Encratismo*, II, Turin, 1962,
S. 118.

[3] Irenaeus, *Epideixis*, c. 14.

besondere Bedeutung. Denn nach ihnen war das Kind noch unschuldig, weil der Geschlechtstrieb erst viel später, mit dem vierzehnten Jahre, wirksam wurde. Darum sagt das *Thomasevangelium*, dass diejenigen, welche ins Reich eingegangen sind, den kleinen Kindern gleichen, welche gesäugt werden (L. 22): wenn man seine Scham ablegt und seine Kleider unter den Füssen zertritt, wie die kleinen Kinder, wird man ohne Furcht den Sohn des Lebendigen sehen (L. 37). Die Jünger gleichen Kindern, welche ihre Kleider ausziehen, um sich vom Felde, wo sie spielen, zu flüchten, wenn der Besitzer kommt (d.h. sie sollen ihre irdische Gesinnung ablegen und der Welt entfliehen) (L. 21). So muss auch der Greis ein Kind von sieben Tagen fragen nach dem Ort des Lebens, damit er selbst das ewige Leben erwerben und ein Monachos, ein Geschlechtloser, werden kann (L. 4).

Das Kind war ein typisch enkratitisches Symbol der Unschuld, das in Edessa durch das *Thomasevangelium* bekannt geworden war. Man wusste dort, dass die Seele einmal in kindlicher Unschuld im Paradiese gelebt hatte.

Dann wird der Prinz ausgesandt: L. 3-5 ist die Übersetzung von W. Wright vorzuziehen[1]:

> from the East our home my parents equipped me (and) sent me forth; and of the wealth of our treasury they took abundantly (and) lied up for me a load
> large and (yet) light,
> which I myself could carry.

Der griechische Text der *Thomasakten* benutzt für „Traglast" das Wort φόρτος, Last mit Kaufwaren. Der Prinz ist also ein Kaufmann, der in seinem Rucksack köstliche und teure Schätze mitnimmt. Dass dies als Handelsware gemeint ist, zeigt auch L. 27, wo mit Wright zu lesen ist: „an associate, with whom I shared my merchandise". Nach sicherer Korrektur ist da im griechischen Text: κοινωνὸν τῆς εμῆς ἐμπορείας zu lesen. Der Prinz teilt mit seinem Genossen seine Kaufware. Wenn er aber ἐμπορεία in seinem φόρτος hat, ist er ein ἔμπορος, ein Grosskaufmann.

Er ist wie der Handelsmann, der Händler im Gleichnis, der einen φόρτος, eine Last mit Waren hatte.

Der Prinz bekommt schliesslich den Auftrag, in die Ferne zu

---

[1] Die Uebersetzung von Wright ist abgedruckt bei A. F. J. Klijn, *The Acts of Thomas*, Leiden 1962, S. 65-154.

ziehen, nach Ägypten hinabzusteigen und von dort her „die eine Perle" (τὸν ἕνα μαργαρίτην) zu holen (L. 12). Man erwartet, dass der Prinz „eine Perle" oder „die berühmte Perle" holen muss. Der Ausdruck, „die *eine* Perle" ist befremdlich. Er erklärt sich als Anspielung auf die Version des Gleichnisses im *Thomasevangelium*, wo die Wendung „die eine Perle" als Gegensatz zu den vielen Waren, welche der Händler verkauft, einen Sinn hat. Weil die Variante „die eine Perle" ganz vereinzelt dasteht und sich meines Wissens nur im *Thomasevangelium* findet, muss der Ausdruck im Perlenlied als eine Anspielung auf das *Thomasevangelium*, das ja dem Autor der *Thomasakten* bekannt war, oder wenigstens auf die Version des Gleichnisses, die im Thomasevangelium vorliegt, aufgefasst werden.

Es besteht also kein Zweifel, dass der Autor des Perlenliedes das Perlengleichnis benutzt hat. Also ist es ein christliches Lied. Von vorchristlicher Herkunft kann keine Rede sein!

So seigt uns denn das Perlenlied, wie in Edessa um 225 nach Christus das Perlengleichnis von den Enkratiten verstanden wurde. Nach ihrer Meinung zeigt es, wie die Seele weit von der paradiesischen Heimat in der fremden Welt auf der Reise ist und nur durch den Erwerb der Perle zurückkehren kann. Gewiss ist das eine Allegorisierung, gewiss ist der ursprüngliche Sinn des Gleichnisses verloren gegangen. Wir wissen aber, dass das von Anfang an mit allen Gleichnissen Jesu der Fall gewesen ist. Wie zu jeder Zeit ist auch hier mit einem bestimmten Vorverständnis zu rechnen.

2) Das syrische Christentum kennt die Vorstellung, dass der Schutzengel das Ebenbild des Menschen ist, zu dem er gehört. Das bezeugt das *Testamentum Domini*, Rahmani S. 97:

> „Denn von jeder Seele steht das Ebenbild (צלמא) oder der Typus vor dem Angesicht Gottes vor der Grundlegung der Welt".

Das Wort צלמא (Ebenbild) ist dem Hebräischen צֶלֶם verwandt, das *Gen.* I, 27 benutzt wird in dem bekannten Worte: „Nach dem Bilde Gottes erschuf er ihn". Die *Septuaginta* übersetzt an dieser Stelle צֶלֶם mit εἰκών.

Das *Thomasevangelium* zeigt, dass diese Vorstellung in Syrien schon früh bekannt war. Auch da wird der Schutzengel als εἰκών bezeichnet in einigen schwierigen Logien, welche von H.-Ch. Puech erklärt[1] und schon mit dem Perlenlied in Verbindung gebracht wor-

---

[1] Annuaire Collège de France, 1962-1963, S. 199-210 (L. 83, L. 84, L. 22, L. 50).

den sind. Für unsere Zwecke können wir uns auf Logion 84 beschränken.

> „Wenn ihr euer Gleichnis seht, freut ihr euch. Wenn ihr aber
> eure Bilder (εἰκών) seht, die vor euch entstanden sind, (die)
> weder sterben noch in Erscheinung treten, wieviel werdet ihr
> ertragen!"

Der Mensch sieht sich selbst gerne im Spiegel. Da sieht er sein
Gleichnis, koptisch „ⲉⲓⲛⲉ", Uebersetzung des griechischen ὁμοίωμα.
Einmal aber wird es auch zu einer Begegnung mit dem Schutzengel
kommen, der als Ebenbild des Menschen im Himmel lebt und vor
dem Menschen, ja sogar, wie das *Testamentum Domini* sagt, vor der
Grundlegung der Welt entstanden ist.

Es ist dies eine Spekulation auf Grund von *Genesis* 1, 26, wo gesagt wird, dass der Mensch nach dem Bilde (κατ'εἰκόνα) und nach
dem Gleichnis (κατ'ὁμοίωσιν) Gottes geschaffen worden ist.

Puech verweist nun mit Recht auf Parallelen zu dieser Vorstellung
in der mandäischen und der valentinianischen Gnosis. Weil dort
aber der Schutzengel nicht als εἰκών bezeichnet wird, kann weder
die valentinianische noch die mandäische Gnosis die direkte Quelle
für das Logion sein. Sie müssen eine gemeinsame Quelle haben.

Da ist nun zu bemerken, dass der Schutzengel dann und wann in
jüdischen Quellen als iqonīn, (gr. εἰκόνινο) bezeichnet und als himm-
lisches Ebenbild des Menschen betrachtet wird.[1] Diese jüdische Vorstellung war auch den palästinensischen Christen bekannt. So antworten die jüdischen Christen, als die Magd Rhode sagt, Petrus stehe
vor der Tür – nachdem dieser aus dem Gefängnis entkommen war! – :
„Es ist nur sein Schutzengel" (ὁ ἄγγελός ἐστιν αὐτοῦ, *Acta* 12, 15).
Dieser Zug wird verständlich, wenn man weiss, dass nach jüdischer
Auffassung der Schutzengel des Petrus sein Ebenbild (iqonīn) ist.

Das beweist aber, dass die Auffassung vom Schutzengel als εἰκών
eine judenchristliche Vorstellung war und von den Judenchristen aus
Palästina nach Edessa gebracht worden ist.

Damit ist der letzte Ursprung dieser Vorstellung nicht ermittelt.
Iqonīn ist ja ein griechisches Lehnwort. Das aber weist darauf hin,
dass die Juden es von den Griechen übernommen haben.

Bei den Pythagoräern bestand die Auffassung, dass das Daimo-

---

[1] Gen. R. 68, 12 (68, 18): Du bist es, dessen *Ebenbild* in Himmel einge-
graben ist; (cf. p. Targ., Gen. 28, 12).

nion, der Dämon, mit dem Eidōlon identisch sei.[1] Das Eidōlon kann aber als εἰκών bezeichnet werden. In den *Dialogi Mortuorum* (16) des Lukian ist das Eidōlon des Herakles sein εἰκών, es gleicht ihm genau (ἐῴκειν ἀκριβῶς), es kann sogar gesagt werden, dass sie *Zwillinge* sind (δίδυμοι ὄντες ὁμομήτριοι). Deshalb kann Plutarch auch sagen, dass der Dämon des gestorbenen dem lebendigen Menschen vollkommen ähnlich ist.[2] Die Vorstellung des Schutzengels als eines Ebenbildes ist also wohl unter griechischem Einfluss in hellenistischer Zeit im Judentum entstanden und von dort her vom Christentum rezipiert worden. Sie ist keineswegs heterodox, wohl aber urchristlich.

Vor allem im ältesten Christentum verkehrten die Menschen in grosser Vertraulichkeit mit ihrem Schutzengel. Das zeigt der *Pastor Hermae*, der stark vom Judenchristentum beeinflusst worden ist. Der Pastor, d.h. der Schutzengel, kommt in das Haus des Hermas und fragt diesen, ob er ihn nicht wiedererkenne, wo er doch dem guten Hermas bei der Taufe übergeben worden ist und von nun ab ständig bei ihm wohnen wird.

Und Hermas antwortet, er kenne seinen Schutzengel sehr wohl (*Vis.* V, 1-3). Und als der Schutzengel dann seine Gestalt ändert, dann, so wird im Texte zu verstehen gegeben, erkennt Hermas ihn wieder.

Mit Recht hat Dibelius ausgeführt, dass diese Stelle voraussetzt, dass der Schutzengel das Ebenbild des Hermas ist, das von ihm wiedererkannt wird, als er seine eigentliche Gestalt annimmt.[3] Ist er doch der „iqonīn" des Hermas. Die ganze Szene zeigt, wie stark Hermas mit dem Judenchristentum verbunden ist.

Und noch in den *Akten des Andreas und Matthias* (c. 17) erzählen die Schüler des Andreas, wie sie im Traume hinaufgeführt wurden

---

[1] Plutarchus, *De Genio Socratis* 583 B, Bernardakis, III, S. 507:
ἡμῖν τὸ Λύσιδος δαιμόνιον ἤδη τεθνηκότος ἐναργῶς προὐπέφαινε τὴν τελευτήν.....
585 E, Bernardakis, III, S. 514:
διαγιγνώσκομεν δὲ σημείῳ τινὶ φαινομένῳ κατὰ τοὺς ὕπνους, εἴτε τεθνηκότος εἴτε ζῶντος εἴδωλόν ἐστιν.
cf. M. Detienne, *La notion de Daïmon dans le Pythagorisme ancien*, Paris 1963, S. 44 und 91.
[2] Plutarchus, *Moralia, Consolatio ad Apollonium* 14 (109 C), Paton-Wegehaupt, I, S. 224:
ἐσήμηνε νεανίσκον.... ἐμφερῆ τε τῷ υἱῷ καὶ τὰ τοῦ χρόνου τε καὶ τὰ τῆς ἡλικίας ἐγγύς. ἐρέσθαι οὖν ὅστις εἴη· καὶ τὸν φάναι· „δαίμων τοῦ υἱέος σου."
[3] M. Dibelius, *Der Hirt des Hermas*, Tübingen 1923, S. 495: „Hermas erkennt seinen Schutzpatron an der Ähnlichkeit mit der eigenen Gestalt."

bis ins Paradies im Himmel und dort den Herrn Jesus sahen auf seinem Thron der Herrlichkeit, und ebenso die Patriarchen, David
und die zwölf Apostel und ausser ihnen zwölf Engel; jeder dieser
Engel stand hinter dem Apostel, zu dem er gehörte: und sie waren
ihnen gleich an Gestalt (καὶ ἦσαν ὅμοιοι ὑμῶν τῇ ἰδέᾳ).[1]

Wir sehen also, dass es gerade im ältesten Christentum die Vorstellung von der Begegnung mit dem Ebenbild gegeben hat. Nur
weil dieses bildhafte Denken den heutigen Konfessionen abhanden
gekommen ist, betrachtet man dieses Mythologem vom Ebenbild als
dem Christentum fremd und sucht verzweifelt in den entlegensten Quellen, um die Unchristlichkeit der Auffassung zu beweisen.
Das heutige Christentum ist aber kein Massstab für die Christlichkeit der alten Vorstellungen, sondern umgekehrt ist das Urchristentum der Massstab, welcher die Unchristlichkeit der heutigen Theologie aufzeigt. Was im Urchristentum Jerusalems, wie auch in Syrien
und im *Thomasevangelium*, zu finden ist, kann nicht unchristlich sein.

So ist es auch sehr syrisch und christlich, wenn der Prinz im
Perlenliede im himmlischen Kleide, das ihm begegnet, sich selbst
wiedererkennt .Es ist dies der Schutzengel, das himmlische Ebenbild:
sie waren geschieden und doch wieder eins, weil sie *eine* Gestalt
haben (διὰ μορφῆς μιᾶς).

Allerdings muss zur Interpretation dieser Begegnung auch die
syrische Theologie des Kleides herangezogen werden. Das wird
später geschehen. Inzwischen stellen wir fest:

a) Das *Thomasevangelium* zeigt, dass das *Lied von der Perle* eine
Amplifikation und Interpretation des Perlengleichnisses ist, wie dies
im syrischen Christentum bekannt war;

b) Die Begegnung mit dem Ebenbild im Perlenliede hat ihre
Parallele in Logion 84 des Thomasevangeliums. Das beweist, dass
das Perlenlied ein Produkt des edessenischen Christentums im zweiten nachchristlichen Jahrhundert ist.

Das Vorverständnis aber, das die Interpretation bestimmt, ist
die Vorstellung, dass die Seele in dieser Welt in der Fremde lebt und
durch Anamnese sich erinnern muss, was sie oben zurückgelassen hat.

So sagt auch Porphyr, dass wir auf diese Welt herabgekommen seien zu einem fremden Volke (ἀλλόφυλον ἔθνος) und die Sitten und
Bräuche der Fremde angenommen hätten. Wer zurückkehren will in
die Heimat, muss alles Fremde ablegen, das er sich zu eigen gemacht

---

[1] Lipsius-Bonnet, *Acta Apostolorum Apocrypha*, II, Darmstadt 1959, S. 86.

hat (ἀποτίθεσθαι πᾶν εἴ τι προσέλαβεν ἀλλόφυλον), und sich selbst daran erinnern, was er einmal besass und dann vergessen hat (*De Abstinentia* I, 30). Das ist die schönste Parallele zum Perlenliede, welche man sich denken kann. Sie zeigt, dass die Enkratiten in Edessa von hellenistischen Anschauungen, nicht aber vom Iran her beeinflusst worden sind.

3) Der Prinz kleidet sich in ägyptische Gewänder; aber dieses schmutzige und unreine Kleid zieht er wieder aus und lässt es hinter sich, als er wieder in seine Heimat zurückkehrt.

Dieses Motiv muss von dem des himmlischen Kleides scharf geschieden werden. Es ist das griechische Motiv, schon in Platons *Phaedon* ausführlich dargestellt, dass der Körper nur ein Kleid der Seele ist, das sie wieder ablegt. Σῶμα χιτὼν ψυχῆς, wie eine griechische Inschrift sagt.[1] Das hat dann dazu geführt, dass Philo von Alexandrien die Kleider von Haut (χιτῶνες δερμάτινοι), welche der Herr nach *Genesis* 3, 21 für Adam und Eva nach dem Falle gemacht hatte, als die Leiblichkeit interpretierte.

So setzt er, de *Posteritate Caini* 137, den δερμάτινος ὄγκος dem Sack (ἀσκός), d.h. dem Körper, gleich.

Und *Legum Allegoriae* III, 69 sagt er: ,,Er wusste wohl, dass der δερμάτινος ὄγκος, unser Körper, böse ist und arglistig der Seele gegenüber und ein Leichnam und für ewig tot''.

Das hat der alexandrinische Enkratit Julius Cassianus von Philon übernommen, wenn er die ,,Kleider von Haut'' als ,,die Leiber'' interpretiert.[2] Wieder stellt man fest, dass der Enkratismus Verbindungen mit dem Diasporajudentum Alexandriens hatte. Auch das von uns schon zitierte Fragment des Ägypterevangeliums: ὅταν τὸ τῆς αἰσχύνης ἔνδυμα πατήσητε[3] setzt dieselbe Interpretation von *Genesis* 3, 21 voraus.

Damit ist aber durchaus gegeben, dass der Leib ein *Leichnam* ist, wie Philo zeigt.

Das sagt auch das *Thomasevangelium*: ,,Wer die Welt erkannt hat, hat einen *Leichnam* gefunden'' (L. 56): die Jünger sollen sich einen Ort zur Ruhe suchen, damit sie nicht zu *Leichnamen* werden (L. 60).

Die Jünger sollen sogar ,,das Tote essen'', damit sie es lebendig

---

[1] C.I.G., XIV, 2241.
[2] Clemens Alexandrinus, *Strom.* III, 95, 2, Stählin, II. S. 239. χιτῶνας δὲ δερματίνους ἡγεῖται ὁ Κασσιανὸς τὰ σώματα.
[3] Clemens Alexandrinus, *Strom.*, III, 92, 2, Stählin II, S. 238.

machen (L. 11). Der Mensch soll den Löwen (den Körper) essen
(L. 7). Wir können nicht beweisen, dass all diese Logien dem *Ägypterevangelium* entstammen. Wohl muss hier festgestellt werden, dass
sie dem enkratitischen und dem philonischen Seinsverständnis ent-
sprechen und kein neues Element hinzufügen. Ausserdem findet sich
die Symbolik des Kleides, das ausgezogen werden muss, sowohl im
Ägypterevangelium wie im *Thomasevangelium*:

> „Mariham sagte zu Jesus: Wem gleichen deine Jünger? Er
> sagte: Sie gleichen kleinen Kindern, die sich auf einem Feld
> niedergelassen haben, das nicht ihnen gehört. Wenn die Herren
> des Feldes kommen, werden sie sagen: Übergebt uns unser
> Feld! Sie sind nackt vor ihnen, damit sie es ihnen übergeben
> und sie ihnen ihr Feld geben" (Log. 21).

Das Kind ist ein Bild der Unschuld, weil es noch nicht den Geschlechtstrieb kennt.

Das Feld aber ist die Welt.

Das zeigt der *Pastor Hermae* (Sim. I, 4):

> „Er sprach zu mir: 'Ihr wisst, ihr Knechte Gottes, dass ihr
> in der Fremde wohnt. Denn eure Stadt ist fern von dieser Stadt.
> Wenn ihr nun eure Stadt kennt', fuhr er fort, 'in der ihr wohnen
> sollt, warum erwerbt ihr euch hier *Äcker*, kostbare Einrich-
> tungen, Häuser und vergängliche Wohnungen? Wer sich der-
> gleichen in dieser Stadt erwirbt, kann nicht erwarten, in seine
> Stadt heimzukehren. Du Tor, du Zweifler, du unseliger Mensch,
> bedenkst du nicht, dass dies alles (dir) fremd ist und unter eines
> anderen Gewalt steht? Denn der Herr dieser Stadt wird sagen:
> ich will nicht, dass du in meiner Stadt wohnst; vielmehr sollst
> du diese Stadt verlassen, weil du nicht nach meinen Gesetzen
> lebst.... Denn mit Recht kann der Herr dieses Landes zu dir
> sagen: entweder lebe nach meinen Gesetzen oder *verlasse mein
> Land*'".

Die Christen sind ja Fremdlinge in der Welt. Der Herr des Landes,
der Besitzer des Feldes, ist der Teufel.

Deshalb sollen die Jünger, wie Kinder, welche auf einem Feld
spielen und vom Besitzer überrascht werden, schnell ihre Kleider
ausziehen, damit sie flüchten können und die Welt dem Teufel
überlassen (ⲥⲉⲕⲁⲕ ⲁϩⲏⲧ = ἐξεδύσαντο, Crum 101).

Die Kleider aber sind die δερμάτινοι χιτῶνες, die Kleider von Haut,
die Leiber. Die Seele soll das Fleisch ausziehen. Es ist wohl sehr

wahrscheinlich, dass dieses Logion dem *Ägypterevangelium* entstammt. Jedenfalls kennt es das Thema des alexandrinischen Enkratismus. Und das beweist, dass diese hellenistische, von den
alexandrinischen Juden rezipierte Auffassung schon um 140 in
Edessa bekannt war.

Das ist der Hintergrund des Perlenliedes. das Kleid der Ägypter
ist die Leiblichkeit, welche die Seele angezogen hat, als sie das Paradies verliess. Um wieder in das Paradies zurückzukehren, muss die
Seele den δερμάτινος χιτών wieder auszuziehen.

Übrigens muss betont werden, dass dieses Thema sich schon sehr
früh in der christlichen Literatur findet. In den *Oden Salomos* heisst es

„And I was covered by the covering of they spirit;
and I removed from me the *raiment of skin*" (24, 8).

Es ist nicht sicher, dass die *Oden Salomos* syrisch und in Edessa
geschrieben sind. Sie können auch griechisch verfasst worden
sein, irgendwo im hellenistischen Westen. Sie sind dann aber sehr
früh ins Syrische übersetzt worden und sind charakteristisch für das
syrische Christentum. Jedenfalls zeigen sie, wie das Perlenlied an
dieser Stelle interpretiert werden muss.

Aber auch Makarius muss zur Erklärung des Perlenliedes herangezogen worden. Das hat man noch nicht getan. Und doch liegt es
nahe! Denn möglicherweise hat Makarius die *Thomasakten* gekannt.
Dann können parallele Auffassungen bei ihm als Interpretation des
Perlenliedes betrachtet werden. Allerdings gehen die Übereinstimmungen so weit, dass eher an Verwandtschaft der Theologie gedacht
werden muss. Und warum sollte dies nicht der Fall sein können?
Wenn Makarius „Thomas" und Tatian gekannt hat und sogar mit
dem ägyptischen Enkratismus in Verbindung gestanden hat, dann
wird er wohl auch mit den *Thomasakten* und in dieser Weise mit dem
Perlenliede übereinstimmen. Nur die vorgefasste Meinung, dass das
Perlenlied vorchristlich ist, muss das ableugnen. Aber gerade Makarius zeigt uns, dass eine solche Annahme unnötig ist.

a) Da ist zuerst die trinitarische Theologie des Perlenliedes: „Von
deinem Vater, dem König der Könige, und deiner Mutter, der
Herrscherin des Ostens, und von deinem Bruder, unserem Zweiten,
dir, unserem Sohn in Ägypten, Gruss!" (41-42).

Das ist die bekannte syrische Trinitätsauffassung auf judenchristlicher Grundlage, von der wir vorher ausführlich gesprochen haben!

Dasselbe findet sich bei Makarius: nach ihm schaut der Mensch nach seinem Fall ,,nicht mehr den wahren, himmlischen *Vater*, die gute, liebevolle *Mutter*, die Gnade des Geistes, den süssen und ersehnten *Bruder*" (28, 4).

Die Christen sind nämlich Brüder des Christus: ,,ein neues Geschlecht, Kinder des Heiligen Geistes, leuchtende Brüder Christi (ἀδελφοὶ Χριστοῦ)" (16, 8). Auch Adam war dazu bestimmt, ein Freund und Bruder Christi (ἀδελφὸς Χριστοῦ) zu werden. (III, 20, 1).

So ist es auch des Menschen endzeitliche Zukunft, mit Christus zu herrschen: ,,Nicht gering sind ja die Güter, die der Mensch erhofft, der nach dem Himmelreiche trachtet. Mit Christus willst du in endloser Ewigkeit herrschen (συμβασιλεῦσαι Χριστῷ)" (5, 6).

Diese Parallelen zeigen, was es bedeutet, wenn im Perlenlied dem Prinzen verheissen wird:

> ,,Wenn du nach Ägypten hinabsteigst und die eine Perle bringst, die im Meere ist, das den schnaubenden Drachen umringt[1], sollst du dein Strahlen(kleid) (wieder)anziehen und deine Toga, die darüber liegt, und mit *deinem Bruder*, unserem Zweiten, Erbe in unserm Reiche werden" (12-15).

Nur wenn man annimmt, dass Makarius in seiner trinitarischen Theologie unter iranischem Einfluss steht, kann man meinen, an dieser Stelle im Perlenlied iranischen Einfluss zu finden. Es ist wahr, dass die Verhältnisse im parthischen Reiche als Bild benutzt werden. Das kann nicht wundernehmen, wenn der Dichter ein edessenischer Christ war. Edessa gehörte ja zu dieser Zeit noch zum parthischen Reich. Aber die theologische Auffassung, die in poetischen Bildern dargestellt wird, ist christlich. So fassten die semitischen Christen, Syrer wie Judenchristen, die Trinität auf.

b) Auch die Psychologie des Makarius ist dieselbe wie die des Perlenliedes. Nach beiden ist ja die Seele präexistent im Paradiese, verkehrt sie auf dieser dunklen Erde in der Fremde und muss danach streben, wieder zum himmlischen Paradies zurückzukehren.

Das ist die Grundrichtung der Theologie des Makarius sowohl wie des Perlenliedes. Man will nicht glauben, dass die Auffassung einer

---

[1] Ich ziehe hier wieder Wrights Uebersetzung vor. Die Perle ist ganz unten im Meere, und wird dort von dem Drachen bewacht. Die Schlange ist Symbol für die Konkupiszenz, wie es die enkratitische Deutung der Paradiesesgeschichte deutlich macht.

präexistenten Seele im christlichen Bereich möglich sei. Aber dann vergisst man, dass sich schon bei gewissen Rabbinen die Auffassung findet, dass die Seele präexistent im Paradiese lebte und dass es durchaus auf jüdischen Einfluss zurückgeht, wenn Makarius und das Perlenlied die Präexistenz der Seele in dieser Form kennen.[1]

c) Und schliesslich ist noch die Theologie des Kleides zu nennen, welche Makarius und das Perlenlied gemein haben. Nun ist diese nicht auf diese beiden oder auf die Enkratiten beschränkt. Bei vielen Kirchenvätern findet man, dass Adam im Paradiese nicht nackt war, sondern bekleidet mit dem Kleide der Unschuld, der Heiligkeit, der heiligmachenden Gnade.[2] Durch den Fall hat Adam dieses Kleid verloren. Aber bei der Taufe bekommt der Mensch dieses Kleid wieder: das weisse Taufkleid ist ein Symbol dafür!

Diese Vorstellung hängt mit grundlegenden christlichen Dogmen zusammen, z.B. mit der Ansicht, dass Adam, und so jeder Mensch, auch unabhängig von der Sünde ganz auf die Gnade Gottes angewiesen ist. Sie hängt auch mit der christlichen Abscheu vor der Nacktheit und mit der Vorliebe für die Kleidung zusammen, wie Peterson sehr schön gezeigt hat. Wenn also das Perlenlied sagt, dass dem Prinzen das Strahlenkleid ausgezogen wird, als er das Paradies verlässt, und dass er es bei seiner Rückkehr wieder anzieht, ist man geneigt, an diese allgemeinchristliche Vorstellung zu denken, die man nicht nur bei den Syrern, sondern auch bei den Griechen und den Lateinern findet. Die syrische Theologie des Kleides aber, wie sie sich bei Makarius findet, hat einige spezifische Züge, welche eine gesonderte Behandlung verdienen. Für ihn ist nämlich das Lichtkleid zugleich der Geist und die εἰκών. Makarius benutzt den Ausdruck Lichtkleid sehr oft: ἀρρήτου φωτὸς ἐνδύματα (I, 12); ἐνδύματα βασιλείας φωτὸς ἀρρήτου (2, 5); ἐνδύμα τι φωτεινόν (8, 3); ἀμφίον τοῦ φωτὸς τῆς σωτηρίας (III, 16, 8). Dieses ist durchaus mit der δόξα, der himmlischen Herrlichkeit, identisch. An sich ist das schon eine schöne Parallele für das Strahlenkleid, das im Perlenliede erwähnt wird (9, 14, 72, 76, 82).

Dieses Lichtkleid (φωτὸς ἔνδυμα) ist das himmlische Bild Christi (ἐπουράνιος εἰκών), der himmlische Mensch, das leuchtende und göttliche Bild des Geistes (III, 19). Der Geist, das Bild und das Lichtkleid sind drei Wörter für ein und dieselbe Sache.

---

[1] Tan. Pekude 3; cf. L. Ginsberg, *The Legends of the Jews*, V, S. 75.
[2] Erik Peterson, *Pour une théologie du vêtement*, Lyon 1943, S. 9.

In einer solchen Theologie hat natürlich Adam eine besondere Bedeutung. Adam war bekleidet mit der Herrlichkeit Gottes, dem göttlichen Kleid (III, 20, 1).

Dieses Kleid ist das Kleid des Geistes, wie aus *Hom.* 12, 6 hervorgeht: ,,Frage: Adam hatte, wie du sagtest, sowohl das eigene Bild als auch das himmlische Bild (εἰκών) verloren; also besass er doch den Heiligen Geist, wenn er des himmlischen Bildes teilhaftig war?'' Durch den Geist bekommt Adam die himmlische εἰκών. Durch den Fall verliert er den Geist, das Kleid des Geistes und somit auch die εἰκών. ,,Die Übertretung des Gebotes brachte Adam einen doppelten Verlust: fürs erste verlor er den reinen, schönen Besitz seiner Natur, das Sein nach dem Bilde und dem Gleichnisse Gottes; fürs zweite verlor er auch das Bild (εἰκών), dem zufolge ihm gemäss der Verheissung die ganze himmlische Erbschaft verbürgt war'' (12, 1).

Nach seinem Fall hat Adam aber die Finsternis angezogen:

> ,,Als Adam fiel und vor Gott starb, weinten über ihn der Schöpfer und die Engel; alle Mächte, Himmel, Erde und alle Geschöpfe trauerten über seinen Tod und seinen Fall. Denn sie sahen, wie der, der ihnen zum König gegeben war, Sklave der feindlichen, bösen Macht geworden war. Deshalb *bekleidete er* seine Seele mit Finsternis: denn er war unter die Herrschaft des Fürsten der Finsternis gekommen'' (30, 7).

Das ist eine gute Parallele zum Perlenlied: wie der König Adam sich mit Finsternis bekleidet und sich unter die Herrschaft des Teufels begibt, so kleidet der Prinz sich mit dem ägyptischen Gewand (29) und dient dem Pharao (= dem Teufel) (33).

Allerdings ist dann Adam auch wieder in das himmlische Paradies zurückgekehrt (51, 1). Wir können mit Sicherheit sagen, dass diese Theologie des Kleides ungriechisch ist. Der Grieche wünscht sich eine nackte Seligkeit.[1]

Vielmehr werden wir auf das Judentum als Ursprung dieser Vorstellung geführt. Schon das äthiopische Henochbuch kennt das himmlische ,,Kleid'' des Lebens, das den Gerechten und Auserwählten bestimmt ist (62, 15). Das Judenchristentum kennt die Vorstellung eines ,,Kleides des Geistes''. Nach den Pseudo-Klementinen ist die Taufe die Bekleidung mit einem reinen Hochzeitskleid.

> ,,Wenn ihr nun wollt, dass ihr das Kleid des göttlichen Geistes (ἔνδυμα θείου πνεύματος) bekommt, so eifert, zuerst euer schmut-

---

[1] E. R. Dodds, *Proclus, The Elements of Theology,* 2 Ausgabe, 1963, S. 313 sqq.

ziges Gewand (den unreinen Geist) und das besudelte Kleid
auszuziehen".[1]

So kann die jüdische Theologie des Kleides durch judenchristliche
Vermittlung nach Syrien gekommen sein.

Auch die Darstellung Adams scheint auf jüdischen Vorlagen zu
beruhen. Die ältere Haggada erzählt, dass Adam und Eva im Paradiese Lichtkleider trugen. Diese Auffassung entstand aus einer
Exegese von *Genesis* 3, 21, wo man durch ein Wortspiel anstatt
,,Kleider von Haut" (עור) ,,Kleider von Licht" (אור) las.[2] Der Ausdruck ist so singulär und beruht auf einem so typisch jüdischen
Wortspiel, dass hier wohl der Ursprung des Ausdrucks ,,Lichtkleid"
sogar bei Makarius zu suchen ist.

Daneben muss nun als zweite Quelle der Theologie des Kleides
Tatian genannt werden. Tatian meint, dass die Seele im Paradiese
mit dem Geiste verbunden war. Das geht aus verschiedenen Stellen
hervor.

,,Am Anfang lebte der Geist mit der Seele zusammen, aber
als die Seele dem Geiste nicht folgen wollte, hat er sie verlassen" (13, 2).
,,Die Beflügelung der Seele ist der vollkommene Geist, welchen
die Seele durch die Sünde verloren hat" (20, 1).
,,Es ist also notwendig, dass wir, was wir besassen und verloren haben, jetzt wieder suchen, unsere Seele mit dem Heiligen
Geist verbinden und die gottgemässe Syzygie wieder herstellen"
(15, 1).

Also war im Anfang der Geist mit der Seele verbunden: durch die
Sünde hat der Geist die Seele verlassen; jetzt ist die Verbindung
wiederhergestellt, so dass die Seele unter der Führung des Geistes
emporsteigen kann.

Diese Thematik von Geist und Seele ist von grosser Bedeutung
für die Theologie des Makarius. Denn erstens macht sie klar, was
denn eigentlich mit all diesen Bildern von der Eikon und dem Lichtkleid gemeint ist, nämlich dass die Seele vergeistigt wird.

Und zweitens verstehen wir die Demokratisierung Adams.

---

[1] Hom. 8, 22, 4-23, 1, B. Rehm, *Die Pseudoklementinen*, I Homilien, Ber-
lin-Leipzig 1953, S. 130-131.
[2] B.R. 20, 12 (20, 29); cf. L. Ginsberg, *The Legends of the Jews*, V, S. 97.

Denn nach Makarius hatte nicht nur Adam, sondern jede Seele ein ,,Lichtkleid" im Paradiese, das sie aber verloren hat, als die ,,Räuber" (die Teufel) sie *entkleidet* und ihr das Lichtkleid genommen haben (III, 16, 8). Das ist natürlich gegeben mit der Auffassung der Enkratiten, dass jede Seele präexistent im Paradiese lebte, ehe sie geboren ward.

So ist es denn eine geistige, religiöse Erfahrung, wenn der Mensch das Lichtkleid (ἔνδυμα φωτεινόν) schaut, mit dem er bekleidet ist (8, 3).

Denn die Christen haben den Geist (wohl bei der Taufe) angezogen:,, So ziehen die Christen den Heiligen Geist an und leben in Wonne" (26, 15).

Die Seele aber ist ein Abbild (εἰκών) des Geistes (30, 3). Diese Ausführungen des Makarius zeigen, was das Perlenlied meint: der Mensch hat im Paradiese das Lichtkleid des Geistes zurücklassen müssen; aber wenn die Seele zurückkehrt, wird sie wieder mit dem Geiste bekleidet. Denn Geist und Seele bilden eine Syzygie! Mit Recht hat darum Puech die Lehre Tatians als den eigentlichen Hintergrund des Perlenliedes bezeichnet[1]: l'épisode, tout l'hymne même, a pour but de signifier, selon une théorie qui se retrouve notamment chez Tatien, le salut de l'âme par l'esprit, la restitution de l'homme en son état primitif et parfait opérée par la συζυγία, la conjonction de la ψυχή avec le πνεῦμα ou le νοῦς qui lui est apparié".

Das bestätigt auch Makarius. So muss dann festgestellt werden, dass das Perlenlied ein christlicher Hymnus ist, dem die Theologie Tatians und das *Thomasevangelium* zugrunde liegen. Was könnte man anders erwarten? Ist doch die Schrift, welche den Hymnus enthält, um 225 nach Christus in Edessa entstanden, unter dem Einfluss Tatians und des *Thomasevangeliums*.

Unsere Untersuchungen haben also mit neuen Argumenten die Auffassung Klijns bestätigt, dass das Perlenlied durchaus nicht iranisch und gnostisch ist, sondern das Christentum Edessas voraussetzt.

Es ist sogar möglich, aus Makarius einen Kommentar zum Perlenliede zusammenzustellen. Manches ist schon im Vorhergehenden erwähnt worden. Einiges, mehr Spezifisches, sei hier nachgetragen: L. 4: Der Prinz geht als Kaufmann in die Fremde, die Perle zu holen.

---

[1] Annuaire du Collège de France, 63, 1962-1963, S. 207.

Dazu sagt Makarius:

> „Wie sich die Kaufleute (ἔμποροι) *nackt* in die Meerestiefe
> und in den Wassertod stürzen, um dort *Perlen* zu einer Königs-
> krone und Purpurschnecken zu finden, so gehen auch die einheit-
> lichen Menschen (μονάζοντες) nackt aus der Welt, steigen in die
> Meerestiefe der Bosheit und in den Abgrund der Finsternis,
> holen und bringen aus der Tiefe *kostbare Edelsteine* herauf für
> eine Krone Christi, für die himmlische Gemeinde, für eine neue
> Welt, eine leuchtende Stadt und ein engelhaftes Volk" (15, 51).

L. 12: Der Prinz geht nach Ägypten. Dabei muss man bedenken,
dass Ägypten für die Christen schon der neutestamentlichen Zeit ein
Typus der Welt war. Verstanden sie doch ihren Auszug aus den alten
Verhältnissen als eine Parallele zum Exodus des jüdischen Volkes
aus Ägypten.[1]

Diese Typologie Ägyptens hat nun Makarius auf den Auszug der
Seele aus der Welt angewandt:

> „Im Schatten des Gesetzes (= im Alten Testament) wurde
> Moses ein Erlöser Israels genannt. Denn er führte sie (die
> Israeliten) aus Ägypten. So dringt nun auch der wahre Erlöser
> Christus in die verborgene Seele ein und führt sie aus *dem
> finsteren Ägypten*, dem drückendsten Joche und der bitteren
> Knechtschaft heraus" (11, 6).

Ägypten ist also für Makarius ein Symbol für die Welt der Finsternis und der Knechtschaft, auf Grund der biblischen Exodusgeschichte. Dasselbe ist der Fall im Perlenliede.

L. 33: Der Prinz dient dem König von Ägypten. Es ist dies eine
Knechtschaft! „Sieh die Knechtschaft: wem du dienst" (44). Jeder
Leser des Perlenliedes muss sich fragen, wer mit diesem König gemeint ist. Und weil wir feststellten, dass der parthische König der
Könige im Gedicht ein Symbol für Gott ist, so liegt es nahe zu sagen,
dass der ägyptische Pharao hier ein Symbol für den Teufel ist. Eine
sehr schöne Parallele dazu liefert wiederum Makarius:

> „Denn durch seinen Ungehorsam ist der Mensch des schreck-
> lichen Todes der Seele gestorben.... Durch Lug und Trug haben
> die Feinde seine Herrlichkeit (δόξα) geraubt und ihn mit Schande
> (αἰσχύνη) *umkleidet*. Das Licht wurde ihm genommen und die
> Finsternis *angezogen*. Sie haben seine Seele ermordet, seine
> Gedanken zerstreut, und so ward Israel, d.h. der Mensch, ein
> Sklave des wahren Pharao" (47, 6).

---

[1] D. Daube, *The Exodus Pattern in the Bible*, London 1963.

Man wird bemerkt haben, wie bei Makarius die Paradiesgeschichte und die Exodusgeschichte ständig verbunden sind und auf den Fall der Seele in die Welt angewandt werden. Ägypten ist der Gegensatz zum Paradiese. Das geht auch aus Hom. 25, 3 hervor:

> „Willst du nun erfahren, warum *wir*, in Ehre erschaffen und wohnhaft im Paradiese, zuletzt den unvernünftigen Tieren ähnlich und gleich geworden sind, *herausgefallen* aus der makellosen Herrlichkeit, so wisse: Durch den Ungehorsam sind wir Sklaven der Leidenschaft des Fleisches geworden und haben uns selbst vom seligen Lande der Lebendigen ausgeschlossen, sind in Gefangenschaft geraten und sitzen noch an den Flüssen Babylons. Und weil wir noch in *Ägypten* festgehalten werden, haben wir das Land der Verheissung, das von Milch und Honig fliesst, noch nicht als Erbteil empfangen....''
> „Wie soll ich der elenden Knechtschaft *Pharaos* entgehen? Wie soll ich den schmählichen Aufenthalt in der Fremde verlassen? Wie soll ich mich der bittern Tyrannei entziehen? Wie soll ich herauskommen aus dem Lande Ägypten? (25, 6)''.

L. 34: Der Prinz vergisst die Perle. Das ist natürlich die platonische λήθη, welche über die Seele kommt, wenn sie in den Körper eingekerkert wird. Allerdings war dies Motiv auch schon von gewissen Rabbinen übernommen worden: wenn die Seele in den Körper eingeht, vergisst sie alles.[1]

Auch Makarius weiss von der λήθη, womit der Teufel jede Seele erfüllt, welche nicht von oben geboren ist und mit ihrem Denken und ihrem Geist in die andere Welt hinübergegangen ist (5, 3).

L. 58: Der Prinz bezaubert die Schlange. Auch Makarius weiss, dass der einheitliche Mensch die Drachen auf seinem Wege bezaubern muss. Da wird dieser Mensch sogar mit einem *Sohn* verglichen, der vom Vater in die Fremde geschickt wird.

> „Wenn ein Vater seinen *Sohn* in ein fremdes Land schickt, wo ihm auf seinem Wege wilde Tiere entgegentreten, so gibt er ihm Zaubermittel und Gegengifte mit, damit er den wilden Tieren oder Drachen (δράκοντες), die etwa auf ihn losgehen, das Zaubermittel (φάρμακον) gebe und sie töte.
> So sollt auch ihr euch bemühen, ein himmlisches Zaubermittel, das Heil- und Gegenmittel für die Seele, zu bekommen, und damit die Gifttiere der unreinen Geister zu töten (26, 24)''.

---

[1] Nidda 30 b: Und sobald (das Kind) an das Licht der Welt hinaustritt, kommt der Engel und schlägt es auf de Mund und lässt esn alles vergessen.

Der Ausdruck „warum wir den unvernünftigen Tieren ähnlich und gleich geworden sind" (τίνος ἕνεκεν συνεβλήθημεν τοῖς ἀνοήτοις κτήνεσιν καὶ ὡμοιώθημεν), von dem wir oben sprachen, verdient spezielle Beachtung. Es ist dies eine Anspielung auf Psalm 48, (49), 13: καὶ ἄνθρωπος ἐν τιμῇ ὢν οὐ συνῆκεν, παρασυνεβλήθη τοῖς κτήνεσιν τοῖς ἀνοήτοις καὶ ὡμοιώθη αὐτοῖς. Das ist ein Lieblingstext der Messalianer. Auch das *Liber Graduum* beruft sich darauf. Man kann Gott nicht vorwerfen, dass er Adam und Eva, Mann und Weib, also geschlechtlich differenziert, geschaffen hat. Denn das allein würde nicht schaden, wenn der Mensch nicht gewollt hätte, wie die Tiere zu sein. Aspexit enim homo iumentum et ei similis fieri optavit (15, 6).

Diese Auslegung des Psalmwortes geht, wie schon Kmosko gesehen hat[1], auf den ägyptischen Enkratiten Julius Cassianus zurück. Auch dieser berief sich auf das zitierte Psalmwort, um den Fall des Menschen aus der Unschuld in die Geschlechtlichkeit biblisch zu belegen.

Der Mensch sei deshalb dem Tiere ähnlich geworden, weil er sich zur Paarung (συνδυασμός) herabgelassen hat. Und zwar bezieht sich das auf Adam. Die Schlange hat den Brauch der geschlechtlichen Gemeinschaft den unvernünftigen Tieren entnommen und Adam überredet, mit Eva dasselbe zu tun, was durchaus nicht natürlich war.[2] Es ist dies die bekannte enkratitische Auffassung, dass die Ursünde, das Essen vom Baum der Erkenntnis, die Geschlechtsgemeinschaft von Adam und Eva war. Sie sind wegen der Konkupiszenz aus dem Paradies vertrieben worden!

Das wiederholt sich aber nach Julius Cassianus in jedem Menschenleben. Denn jede Seele kommt ἐπιθυμίᾳ θηλυνθεῖσα herunter in die Welt von Geburt und Tod.[3] Daraus muss man schliessen, dass wie Adam jede Seele einmal im Paradiese lebte.

Makarius ist Erbe dieser Tradition, wenn er sagt, dass wir (d.h. als präexistente Seelen) einmal im Paradiese wohnten und aus dieser Herrlichkeit herausgefallen (ἀποπεπτωκότες) sind (28, 3). So sehen wir, dass die Lehre der Präexistenz jeder Seele im Paradiese vom zweiten Jahrhundert an in der enkratitischen Tradition verbreitet war. Das Perlenlied steht in der Mitte zwischen dem ägyptischen Enkratismus und Makarius und setzt die Präexistenz der Seele im Paradiese voraus.

---

[1] M. Kmosko, *Liber Graduum*, S. LXII.
[2] Clemens Alexandrinus, Strom., III, 102, 1-4, Stählin II, S. 243.
[3] id., III, 93, 3, Stählin II, S. 239.

Wir fassen zusammen: Das Perlenlied ist ein christliches Gedicht. Der König ist Gott, die Mutter der Heilige Geist, der Bruder der Messias. Der Prinz ist die Seele, welche im Paradiese lebte und ausgeschickt wurde in die Welt, Ägypten. Der Pharao ist der Teufel, die Schlange die Konkupiszenz.

Nur wer seine Kaufware austeilt, auf den Besitz verzichtet, kann die Perle, die Reinheit der Seele und so das eigentliche Selbst erwerben und zurückkehren in das Paradies. Da bekommt der Mensch den Geist wieder, dessen Abbild er ist.

VII

DAS THOMASEVANGELIUM UND DIE GNOSIS

Das *Thomasevangelium* gilt als eine gnostische Schrift, die mit gnostischen Parallelen erklärt werden muss.

Nach Johannes Bauer liegt der Auswahl der Logien ein bestimmtes, eben *gnostisches* Anliegen zugrunde. Man muss also alle Stücke von der gnostischen Theologie her interpretieren und verstehen.

Selbst für die Logien, die den Eindruck der Echtheit erwecken, besteht nach allem Gefahr, dass sie nichts als gnostische Umbildungen oder Neuschöpfungen sind.[1] Nun ist der Gnostizismus eine vielseitige und sehr verzweigte Erscheinung.[2] Und es genügt natürlich nicht, wenn man ein so allgemeines Wort wie ,,gnostisch'' sehr oft benutzt. Man muss auch zu beweisen versuchen, welcher Schule der Gnosis das *Thomasevangelium* angehört. Das hat Robert M. Grant getan: nach ihm gehört das *Thomasevangelium* zur naassenischen Gnosis. Der naassenisch-gnostische Autor habe überhaupt keine ausserkanonische Tradition benutzt, sondern nur die kanonischen Evangelien. Er habe die religiösen Realitäten der Kirche *pervertiert*.[3]

Auch Gärtner ist der Meinung, dass das *Thomasevangelium* gnostisch ist, nur meint er, dass es mit der valentinianischen Schule in Verbindung stehe.[4]

Wieder anders denkt Ernst Haenchen: es gibt keine nicht-gnostischen Sprüche im Thomasevangelium. Alle haben sie einen verborgenen gnostischen Sinn! Um sie zu interpretieren, muss man von jenen Sprüchen ausgehen, die unverhüllt das gnostische Antlitz zeigen. Dann vervollständigt das *Thomasevangelium* unser Bild von der Gnosis. Es enthüllt uns eine unbekannte Form der Gnosis, eine Gnosis ohne Mythos, welche die Entscheidung kennt. Andrerseits

---

[1] Echte Jesusworte? in: W. C. van Unnik, *Evangelien aus dem Nilsand*, Frankfurt 1960, S. 108-150.

[2] Deshalb verzichtet R. Schippers, *Het Evangelie van Thomas*, Kampen 1960, darauf das *Thomasevangelium* in den Gnostizismus einzuordnen.

[3] R. M. Grant - D. N. Freedman, *The Secret Sayings of Jesus*, London 1960, S. 105-111.

[4] B. Gaertner, *The Theology of the Gospel of Thomas*, London 1961, S. 272.

liefert es den Beweis, dass die Gnosis eine ausserchristliche Erscheinung ist.[1]

All diese Forscher benutzen die gnostische Hypothese um die Bedeutung des *Thomasevangeliums* für die neutestamentliche Forschung zu entwerten. Nach ihnen benutzt es nur die kanonischen Evangelien und hat keine oder fast keine Verbindungen mit dem Judenchristentum.

In dieser Hinsicht haben sie sich geirrt! Das *Thomasevangelium* enthält eine unabhängige Tradition. Da muss man fragen, ob sie sich nicht auch getäuscht haben, als sie den gnostischen Charakter dieser Schrift so stark betonten. Die Frage muss doch sein: hat es dann in Edessa, wo das *Thomasevangelium* entstanden ist, im zweiten Jahrhundert so etwas wie Gnostiker gegeben? Denn nicht unsere phänomenologischen Analysen dieser Schrift oder unsere moderne Auffassung der christlichen Religion oder unser Unwille, eine unabhängige Jesustradition ausserhalb der Bibel anzuerkennen, entscheiden über den etwaigen gnostischen Charakter dieser Schrift, sondern nur diese historische Frage. Denn wenn es im zweiten Jahrhundert in Edessa keine Gnostiker gab, kann das *Thomasevangelium* nicht gnostisch sein!

Von Gnostikern in Edessa wissen wir nichts.

Zwar hat Walter Bauer behauptet, das Christentum Edessas sei gnostischen Ursprung, aber diese These, auch wenn sie tausendfach wiederholt wird, ist einfach falsch.[2]

Die *Edessenische Chronik* aus dem sechsten Jahrhundert erzählt, dass im Jahre 137-138 Marcion aus der katholischen Kirche austrat.[3] Das beweist natürlich nicht, dass es schon im zweiten Jahrhundert Marcioniten in Edessa gegeben hat, erst recht nicht, dass sie die einzigen Christen dort gewesen sind, wie Bauer meint, sondern nur, dass es dort später Marcioniten gab, mit denen die Katholiken Edessas zu rechnen hatten. Andere Beweise für die Anwesenheit von Marcioniten in Edessa im zweiten Jahrhundert gibt es nicht.

Wahr ist allerdings, dass der Ursprung des Christentums in Edessa nicht katholisch ist. Die kirchliche Tradition über Addai ist vielmehr eine erblasste Erinnerung an die palästinensischen, das heisst judenchristlichen, Ursprünge des edessenischen Christentums.

---

[1] E. Haenchen, *Die Botschaft des Thomasevangeliums*, Berlin 1961.
[2] W. Bauer, *Rechtgläubigkeit und Ketzerei im ältesten Christentum*, Tübingen 1934, S. 6-48.
[3] id., S. 20.

Wir haben gar keine Veranlassung zu glauben, dass dieses Christentum häretisch war, wie das Judentum der *Pseudo-Klementinen* in West-Syrien. Das älteste Christentum Edessas war zwar nicht katholisch, aber doch apostolisch und so orthodox.

Auch Valentinianer hat es, soweit wir wissen, zu dieser Zeit in Edessa nicht gegeben.

Zwar behauptet Hippolytus (+230) in seiner *Refutatio* (VI, 35, 6), dass Bardesanes ein Führer der orientalischen Schule des Valentinianismus war. Aber die moderne Forschung hat diese Verdächtigung schon längst widerlegt. Bardesanes (geb. 154) war ein edessenischer Christ, der sehr bereist und aufgeschlossen war, der internationale Verbindungen hatte und deswegen mit den Auffassungen Marcions, die er bekämpfte, und des Valentinus bekannt gewesen sein kann.

Aber, wie die neueste Monographie über Bardesanes zeigt, mit dem Gnostizismus haben Bardesanes' optimistische, weltbejahende Spekulationen nichts zu tun. Bardesanes war kein Gnostiker![1]

Von anderen christlichen Gnostikern in Edessa um diese Zeit hören wir überhaupt nichts. Wenn also das *Thomasevangelium* in Edessa geschrieben wurde, kann es nicht wohl gnostisch sein.

Was ist denn eigentlich gnostisch? Gnostisch sind die Strömungen im Altertum, welche einen tragischen Bruch in der Gottheit lehren.[2] Es ist dies die Lehre vom leidenden Gott, vom gefallenen Gott. Das wird dann meistens so dargestellt, dass eine göttliche Hypostase, etwa die Sophia, fällt oder von den niederen Mächten überwältigt wird. Aus ihr sind die Geister der Menschen entstanden. Wenn also der Mensch zur Selbsterkenntnis kommt, entdeckt er durch Gnosis, dass er ein Teil dieser leidenden Gottheit ist und also wesensgleich, identisch mit Gott. Wenn Gott also den Menschen erlöst, erlöst Er sich selbst.

Die modernen Gnosisforscher haben diesen Aspekt der Gnosis nicht stark beachtet. Und doch ist er der wichtigste Wesenszug der Gnosis. Weder in Indien, noch in Griechenland, noch in Israel, noch im Iran findet man diese grundlegende Ansicht, dass die Gottheit sich zerstückelt hat. Allerdings kennt die Orphik den Mythus der Zerteilung des Zagreus. Das wird wohl der historische Ansatz für

---

[1] H. J. W. Drijvers, *Bardaisan of Edessa*, Assen 1966, S. 218-277.
[2] G. Quispel, *Gnosticism and the New Testament*, in: The Bible in Modern Scholarship, New York 1965, S. 252-271.

die abgründige Spekulation der Gnostiker gewesen sein.[1] Zagreus aber ist *ein* Gott der Griechen, nicht *der* Gott. Er ist Dionysus, nicht Zeus. Und kein Grieche hat je gesagt, dass Gott sich selbst erlöst hat. Das aber sagen die Gnostiker mit so vielen Worten.

> „Nicht erst als er (Christus) erschien, legte er die Seele (ψυχή) ab, als er wollte, sondern seitdem die Welt besteht, legte er die Seele (ψυχή) ab.... Sie war unter die Räuber geraten, und sie war als Gefangene weggeführt worden. Er *erlöste sie aber*".

So sagt es das valentinianische Philipperevangelium, Logion 7.[2] Der Ausdruck: „er erlöste sie" lautet koptisch: ⲁϥⲛⲟⲣⲙⲉⲥ, was dem griechischen ἐσώσατο αὐτήν oder ἐρρύσατο αὐτήν entspricht.[3] Mir scheint es aber, dass viel eher ἐλυτρώσατο αὐτήν zu übersetzen ist, weil das der technischen Sprache der Valentinianer entspricht. Für die Bedeutung aber macht das nichts aus! Es wird gesagt, dass vom Anfang der Welt an Christus seine eigene Seele erlöst.

Dieselbe anstössige Auffassung findet sich in einer liturgischen Formel, nach der der Eingeweihte sagen sollte:

> „Ich bin befestigt und ich bin erlöst, und ich erlöse meine Seele (λυτροῦμαι τὴν ψυχήν) von dieser Welt und allem, was zu ihr gehört, im Namen Jaos, welcher seine Seele erlöste (ἐλυτρώσατο τὴν ψυχὴν αὐτοῦ) zur Erlösung in dem lebenden Christus (Iren. *Adv. Haer.* I, 21, 3).

Der Name Jao ist auffallend in einem gnostischen Zusammenhang. Ist er doch der Name Jahwes. Nun lehrt aber das *Evangelium Veritatis*, dass Christus der Name Gottes ist, weil Gott ihm seinen Eigennamen (κύριον ὄνομα) gegeben hat.[4]

Das geht auf jüdische Spekulationen über den Gottesnamen zurück. Der Name Gottes ist also auch nach den Valentinianern Jao. Dann aber sagt diese Formel, dass die Gottheit ihre Seele – das ist sich selbst – erlöst.[5]

Aber auch das *Evangelium Veritatis* kennt dieselbe Vorstellung, wenn es von dem verborgenen Umgang der seligen Geister im Pleroma mit der Gottheit sagt:

---

[1] H.-Ch. Puech, in *Annuaire de l'École Pratique des Hautes Études*, 1964-'65, S. 101-104.
[2] W. C. Till, *Das Evangelium nach Philippos*, Berlin 1963, S. 10.
[3] W. E. Crum, *A Coptic Dictionary*, S. 244 a.
[4] *Evangelium Veritatis*, Zürich 1956, S. 40, 8-9.
[5] G. Quispel, *Mandaeërs en Valentinianen*, N.T.T., 8, 3, S. 144-148.

„Sie haben keinen Mangel, in nichts, sondern sie ruhen, er-
frischt vom Geist. Und sie werden vernehmen ihre Wurzel
(= Gott), sie werden frei über sich verfügen, die, in welchen er
seine Wurzel finden wird und nicht *Schaden leidet an seiner
Seele*" (42, 30-37).

Das setzt voraus, dass Gott Schaden an seiner Seele leiden kann
und auch gelitten hat, als die Sophia, und so die Geister gestürzt
und der Welt verfallen sind. Denn die Geister bilden zusammen die
Seele oder das Pneuma Gottes.

Gott ist in sich selbst gespalten, und der tragische Bruch in der
Gottheit manifestiert sich in den Begebenheiten der Sophia und der
menschlichen Geister. Wenn Gott den Menschen erlöst und zum
Bewusstsein seines Selbst bringt, erlöst er sich selbst und kommt
im Menschen zum Selbstbewusstsein.

Der Manichäismus denkt nicht anders, auch wenn dort nicht die
Sophia, sondern der Urmensch von den feindlichen Mächten der
Finsternis überwältigt wird. Dieser Urmensch ist aber das *Selbst*
Gottes:

„Darauf entschloss sich der Vater der Grösse und sagte:
„Von meinen (Äonen-)Welten, diesen fünf Wohnungen, werde
ich keine zur Kampfbegegnung entsenden, weil sie von mir zu
(sanfter) Stille und als Heilszustand geschaffen sind, sondern
ich selbst will hingehen und diesen Krieg führen".
Es rief der Vater der Grösse die Mutter des Lebens hervor,
und die Mutter des Lebens rief den *Urmenschen hervor*"[1].

So steigt *Gott selbst als Urmensch* hinunter, um im Kampf gegen die
Mächte der Finsternis zu unterliegen. Wenn wir also von der Gottes-
idee der Gnosis ausgehen, sehen wir das Spezifische und Eigentliche.
Schwieriger wird es, wenn man von der Auffassung des Menschen
ausgeht: denn die Selbsterkenntnis, die Frage des Woher und
Wohin des Menschen ist an sich nicht typisch gnostisch. Sie findet
sich auch in der griechischen Philosophie[2] und ist von daher auch

---

[1] Theodor bar Konai bei A. Adam, *Texte zum Manichäismus*, Berlin 1954,
S. 16.
[2] Porphyrius, *de abstinentia* I, 27, Nauck S. 59:
ἄνθρωπῳ δὲ λελογισμένῳ, τίς τ'ἐστιν καὶ πόθεν ἐλήλυθεν ποῖ τε σπεύδειν
ὀφείλει....
Andere Beispiele bei:
R. Beutler, *Philosophie und Apologie bei Minucius Felix*, Weida 1936,
S. 12-19.

von griechischen und lateinischen christlichen Schriftstellern übernommen worden. So entsteht eine scheinbare Übereinstimmung dieser Schriftsteller mit den Gnostikern. Aber der Unterschied bleibt immer, dass der Christ den Menschen, die Seele, als Geschöpf betrachtet, während der Gnostiker seinen Geist als wesensgleichen Teil der Gottheit, sein Drama als einen Teil der göttlichen Tragödie begreift. Es kommt noch hinzu, dass der Gnostiker seine Selbsterfahrung in Mythen zum Ausdruck bringt. Diese Mythen sind so verschieden und enthalten solche archaischen Motive, dass sie nicht ohne weiteres als künstlich betrachtet, sondern besser als spontane Äusserungen des Unbewussten gefasst werden können. Der Prozess der Selbsterfahrung pflegt sich nämlich nicht selten durch das Auftauchen uralter Bilder zu vollziehen. Jedenfalls haben *Bythos und Sige*, *Achamoth* und *Jaldabaoth*, *Saklas* und *Sammael* in diesen Systemen ihren Ort. Wesentlich ist auch die Scheidung zwischen dem höchsten Gott und dem niederen Demiurgen, dazu eine doketische Auffassung Christi, eine scharfe Kritik des Alten Testaments und die Leugnung der leiblichen Auferstehung. Von dem allen findet sich im *Thomasevangelium* nichts. Wo ist hier Achamoth, wo der Demiurg, wo sind die Äonen? Man kann sich aus der Verlegenheit retten, indem man sagt, das *Thomasevangelium* enthalte eine Gnosis ohne Mythos. Gnosis ohne Mythos ist aber keine Gnosis mehr.

Dagegen enthält das *Thomasevangelium* Logien, welche bestimmt antignostisch sind.

So Logion 28, wo Jesus sagt:

> „Ich stand inmitten der Welt und erschien ihnen im *Fleisch* (σάρξ)".

Joachim Jeremias hat gezeigt, dass dieses Logion eine aramäische Vorlage hat.[1]

Noch nicht bemerkt, aber doch sehr wichtig ist, dass diese Selbstauffassung des Christus von der jüdischen Weisheitslehre inspiriert worden ist. Denn im *Baruchbuch* heisst es von der personifizierten Weisheit Gottes:

$$\mu\epsilon\tau\grave{\alpha} \ \tau o\tilde{v}\tau o \ \grave{\epsilon}\pi\grave{\iota} \ \tau\tilde{\eta}\varsigma \ \gamma\tilde{\eta}\varsigma \ \check{\omega}\phi\theta\eta \ \varkappa\alpha\grave{\iota} \ \grave{\epsilon}\nu \ \tau o\tilde{\iota}\varsigma \ \grave{\alpha}\nu\theta\rho\acute{\omega}\pi o\iota\varsigma \ \sigma\upsilon\nu\alpha\nu\epsilon\sigma\tau\rho\acute{\alpha}\phi\eta$$
$$(3, 38).$$

---

[1] J. Jeremias, *Unbekante Jesusworte*, 1. Ausgabe, Zürich 1948, S. 62.

Im Logion sagt Jesus über sich aus, er sei die verkörperte Weisheit Gottes. Man weiss, wie archaisch diese sophianische Christologie ist. Wir finden sie schon in *Matthäus* 11, 28. Und auch da hat sie mit der Gnosis nichts zu tun, sondern muss in der Perspektive der jüdischen Weisheitslehre gesehen werden. Allerdings unterscheidet sich das Logion 28 dadurch von der Baruchstelle, dass Jesus sagt, er sei *im Fleische* erschienen. Das kommt daher, dass die christliche Religion nun einmal verkündet, dass die Weisheit Gottes durch einen Menschen, Jesus Christus, gesprochen hat. Wir finden hier eine selbständige, christologische Entwicklung, welche der Auffassung des *Johannesevangeliums* parallel geht, dass das „Wort" Fleisch geworden ist (Joh. 1, 14).

Nun kann man sagen, dass σάρξ hier nicht σάρξ bedeutet, weil einige Gnostiker dieses Wort auch dann und wann für den Leib Jesu benutzen, obwohl dieser von ihnen doketisch als geistige Leiblichkeit gefasst wird.

Das kann man dann aber auch von der Stelle im *Johannesevangelium* sagen. Man setzt dann voraus, dass das *Johannesevangelium* und das *Thomasevangelium* gnostisch sind. Das ist ein unbewiesenes Vorurteil. Man kann dagegen feststellen, dass das *Thomasevangelium* die Leiblichkeit ganz konkret gefasst hat. Logion 5 lautet in der sicher ursprünglichen griechischen Version:

„Erkenne den, der vor eurem Angesicht ist, und was dir verborgen ist, wird sich dir offenbaren. Denn es gibt nichts Verborgenes, das nicht geoffenbart werden wird, und (nichts) Begrabenes, das nicht auferweckt werden wird"[1].

Jesus ruft hier einen Menschen auf, den verborgenen Messias, der vor seinen Augen steht, in seinem Geheimnis zu erkennen. Denn mitten unter den Menschen steht der verborgene Messias, den sie nicht wiedererkennen (*Joh.* 1, 26). Wenn der Mensch aber diesen erkennt, werden ihm die verborgenen Geheimnisse der Endzeit offenbart werden. Denn alles, was jetzt verborgen ist, wird einmal in der End-

---

[1] *Pap. Oxyrrhynchus* 654, 5:
λέγει Ἰησοῦς· γ[νῶθι τὸν ἔμπροσ]θεν τῆς ὄψεως σου, καὶ [τὸ κεκρυμμένον] ἀπὸ σου ἀποκαλυφθήσετ[αι σοι· οὐ γάρ ἐσ]τιν κρυπτὸν ὃ οὐ φανε[ρωθήσεται], καὶ τεθαμμένον ὃ ο[ὐκ ἐγερθήσεται].
cf. J. A. Fitzmyer, *The Oxyrrhynchus Logoi of Jesus and the Coptic Gospel according to Thomas*, Theological Review, 20, 1959, S. 525.

zeit offenbar werden. (Das Wort hat hier deutlich einen eschatologischen Sinn).

Dann, in der Endzeit, werden auch alle, die jetzt in der Erde begraben werden, auferstehen.

Man begräbt die Seele nicht. Man begräbt den Leichnam! Also lehrt ,,Thomas'' eine leibliche Auferstehung am Ende der Zeit. Dann hat er aber auch die Leiblichkeit Jesu ganz konkret gefasst. Also lehrt ,,Thomas'' weder einen gespaltenen und zerstreuten Gott, noch einen niedrigen Demiurgen, noch die göttliche Konsubstanzialität des menschlichen Selbst, noch den Doketismus: er leugnet die Auferstehung des Leibes nicht und verkündigt auch keinen Mythos.

Das ist schon ein merkwürdiger Gnostizismus, dem die Merkmale des eigentlichen Gnostizismus fehlen. Was würde man wohl denken, wenn jemand behauptete, dass Kierkegaard Hegel zum Verwechseln ähnlich sei?

Hegel und der deutsche Idealismus gehören durchaus in die Weltgeschichte der Gnosis, wie Ferdinand Christian Bauer gezeigt hat.[1] Ist Kierkegaard aber deswegen ein Gnostiker, weil er sich gegen die Ehe gewendet hat und den Sündenfall als den Übergang aus der Unschuld in die Sinnlichkeit betrachtete? Weil er das Christentum gegen die Weltlichkeit setzte?

War denn der Autor des *Thomasevangeliums* ein Gnostiker, weil er ähnliche Auffassungen hatte? Es kommt darauf an, den Enkratismus vom Gnostizismus zu unterscheiden.

Der Enkratismus ist eine christliche Bewegung, welche eigentlich nur dadurch vom Katholizismus abwich, dass er für alle Christen die Ehelosigkeit vorschrieb, während die Kirche sie nur bevorzugte.[2] Wir lernen den Enkratismus im 4. Jahrhundert als eine Sekte in Kleinasien kennen. Nach Epiphanius, *Panarion* 47, benutzten sie das Alte Testament, aber auch apokryphe Apostelakten, die *Andreasakten, Johannesakten, Thomasakten*. Sie enthalten sich des Wein- und Fleischgenusses und nennen Paulus einen Säufer, weil er Timotheus geraten hatte, Wein zu trinken (1 *Tim.* 5, 23). (Sie verwarfen also die *Pastoralbriefe*).

---

[1] F. C. Bauer, *Die christliche Gnosis*, Tübingen 1853.

[2] Grundlegend für das Studium des Enkratismus:
Franco Bolgiani, *La tradizione eresiologica sull' Encratismo*, I, Atti dell' Academia delle Scienze di Torino, 91 (1956-1957), S. 1-71.
II, ib., 96, (1961-1962), S. 1-128.
Bolgiani zeigt, dass der Enkratismus überhaupt vom Gnostizismus geschieden werden muss und mit dem Judenchristentum in Verbindung steht.

Inschriften aus Kleinasien bestätigen dieses Bild.[1] Diese Leute nennen sich auch selbst Enkratiten, sie haben ihre eigene Organisation mit Klöstern, Priestern, Märtyrern und Diakonissen. Ihre Animosität gegen die kirchlichen Christen entlädt sich sogar auf den Inschriften durch das Schimpfwort: οἰνόποται, Weinsäufer.

Man muss sich merken, dass diese Menschen sich selbst Enkratiten nannten. Das macht sie zu einer besonderen Bewegung. Wenn man auch bei anderen, bei Marcion zum Beispiel, die Verwerfung der Ehe findet, macht ihn das noch nicht zum Enkratiten. Die Enkratiten ehrten das Alte Testament, Marcion verwarf es.

Auch ist wichtig, dass diese Leute die apokryphen Apostelakten lasen. Diese sind wohl in ihren Kreisen entstanden.

Die Geschichte der Enkratiten ist noch nicht geschrieben. Es ist verführerisch, in den kleinasiatischen Enkratiten die Nachfahren jener jüdischen Gesetzeslehrer zu sehen, welche die Ehe abschafften, gewisse Speisen verboten und meinten, dass die Auferstehung schon stattgefunden habe, wie es die *Pastoralbriefe* darstellen. Das würde dann bedeuten, dass zur Zeit der *Pastoralbriefe* die Enkratiten noch der christlichen Gemeinde von Ephesus angehörten. Ob das Machtwort des Paulus oder des Pseudo-Paulus sie aus der Kirche entfernt hat, wissen wir nicht.

Es ist sehr gut möglich, dass sie noch lange Zeit innerhalb der Gemeinde fortlebten.

Wir finden sie auch schon früh in Alexandrien. Das *Ägypterevangelium*, das doch wohl dort entstanden ist und jedenfalls enkratitischen Geist atmet, muss dort ihr spezielles Evangelium gewesen sein. In Alexandrien sind wohl auch die enkratitischen *Sprüche des Sextus* entstanden, gegen Ende des zweiten Jahrhunderts: diese zeigen einen starken Einfluss der hellenistischen Philosophie.[2]

In seinen *Stromateis*, Buch III bekämpft Klemens Alexandrinus die Enkratiten, und zwar Tatian, den Alexandriner Julius Cassianus, und die alexandrinischen Enkratiten überhaupt. Das bedeutet nun aber nicht, wie man leicht anzunehmen geneigt ist, dass die Enkratiten um diese Zeit schon aus der Kirche Ägyptens ausgeschieden waren. Davon wissen wir nichts. Vielmehr müssen wir annehmen,

---

[1] G. Blond, L',,Hérésie" Encratite vers la fin du quatrième siècle, Rech. de Sc. Rel., 1944, S. 157-200.

[2] H. Chadwick, The Sentences of Sextus, Cambridge 1959; ders., Artikel ,,Enkrateia" in R.A.C., Lieferung 35, S. 356: ,,Eines der Hauptdokumente des orthodoxen Enkratitentums im späten 2. Jh. sind die Sentenzen des Sextus".

dass sie zur Zeit des Klemens noch zur ägyptischen Kirche gehörten.

Wann und wo die Enkratiten im Westen die Kirche haben verlassen müssen, können wir nicht sagen. Wohl können wir mit Sicherheit sagen, dass der Enkratismus eine Strömung innerhalb der Kirche des Westens im zweiten Jahrhundert war. So sind auch die *Acta Petri*, wohl in Antiochien entstanden, und die *Acta Andreae*, in Achaia geschrieben, obwohl sie gegen die Ehe eifern und enkratitischen Geist atmen, innerkirchliche Schriften. Der Autor der *Paulusakten* war ein katholischer Priester in Kleinasien gegen Ende des zweiten Jahrhunderts. Auch auf das syrische Christentum hat der Enkratismus gewirkt: Tatian, obwohl Enkratit, wurde freundlich aufgenommen und galt nich als Ketzer. Das messalianische *Liber Graduum* zeigt noch immer den Einfluss des Enkratismus, vor allem des Julius Cassianus, wie M. Kmosko gezeigt hat.[1] Der Ursprung des Enkratismus ist im Urchristentum zu suchen: schon Paulus hatte sich in Korinth mit einer einflussreichen enkratitischen Gruppe auseinanderzusetzen, die die Ehe als unvereinbar mit dem christlichen Glauben und dem Empfang des Geistes ansah (1 *Kor.* 7).

Ähnliches finden wir in den *Pastoralbriefen*. Und es ist durchaus möglich, dass schon damals diese Christen aus der realisierten Eschatologie den Schluss gezogen haben, dass deshalb die Ehe abgeschafft sei.

Daneben finden sich auch Verbindungen mit dem Judentum und seiner Lehre vom bösen Trieb, mit dem der Baum der Erkenntnis besudelt war. Dasselbe gilt für die Präexistenz der Seele im Paradiese. Der Enkratismus ist also wohl, wie auch aus den *Pastoralbriefen* hervorgeht, bei Christen aus der jüdischen Diaspora entstanden. Es bestehen also weder chronologische noch geographische Bedenken, das *Thomasevangelium* mit dem Enkratismus in Verbindung zu bringen. Und zwar bestehen diese Beziehungen hauptsächlich mit dem alexandrinischen Enkratismus, mit dem *Ägypterevangelium* und denjenigen Enkratiten, welche Klemens im dritten Buche der *Stromateis* bekämpft.

Allerdings muss man zwischen dem Redaktor des koptischen Textes, dem Autor des griechischen Textes und seinen zwei Quellen unterscheiden.

---

[1] Kmosko, *Liber Graduum*, S. LX-LXIV.

a) *Die judenchristliche Quelle*

Dass das *Thomasevangelium* judenchristliche Tradition enthält, wird von den meisten Forschern zugegeben. Dass die judenchristliche Quelle aber mit dem *Hebräerevangelium* identisch sei, ist von den meisten freundlich abgelehnt worden. Allerdings ist neulich nachgewiesen worden, dass das *Hebräerevangelium* noch im 4. Jahrhundert im syrischen Bereich bekannt war und vom *Liber Graduum* und vom katholischen Autor *Aphraates* zitiert wird.[1] Das zwingt uns, das Problem neu zu stellen. Wir werden zu zeigen versuchen, dass etwa die Hälfte der 114 Logien der judenchristlichen Quelle entnommen sind. Meiner Ansicht nach sind folgende Logien judenchristlicher Herkunft:

2, 5, 8, 9, 12, 16, 17, 20, 25, 26, 27, 28, 30, 31, 32, 33, 34, 35, 36, 38, 39, 40, 41, 42, 44, 45, 46, 47, 48, 54, 55, 57, 58, 61a, 62, 63, 64, 65, 66, 68, 69b, 71, 72, 73, 75, 76, 77b, 78, 79, 81, 82, 86, 88, 89, 90, 91, 93, 94, 95, 96, 97, 98, 99, 100, 103, 104, 107, 109, 113.

Das würde bedeuten, dass keines dieser Logion ursprünglich gnostisch oder gar enkratitisch war.[2]

Davon haben folgende Logien keine Entsprechung in der synoptischen Tradition der kanonischen Evangelien:

2, 5, 12, 17, 27, 28, 38, 40, 42, 58, 62a, 81, 82, 88, 97, 98, 104.

Wenn man untersuchen will, ob das *Thomasevangelium* echte, unbekannte Jesusworte enthält, wird man sich auf diese Logien beschränken müssen.

Diese These versuchen wir jetzt zu begründen.

Dass das *Thomasevangelium* eine Quelle benutzt hat, geht daraus hervor, dass der Autor dann und wann diese Quelle nachlässig abgeschrieben oder falsch übersetzt hat.

So Logion 57:

> ,,Jesus sagte: Das Reich des Vaters gleicht einem Menschen, der einen (guten) Samen hat. Sein Feind kam des Nachts (und) säte Lolch unter den guten Samen. Der Mann liess sie nicht den Lolch ausreissen. Er sagte zu ihnen: Damit ihr nicht geht, um den Lolch auszureissen, (und) den Weizen mit ihm ausreisst. Denn am Tage des Schnittes werden die Lolch(pflanzen) zum

---

[1] G. Quispel, *The Gospel of Thomas and the Gospel of the Hebrews*, New Testament Studies, 12, 1966, S. 371-382.

[2] H. Koester, *o.c.*, S. 302: ,,All these Sayings, of course, are not Gnostic by any definition''.

Vorschein kommen, sie werden ausgerissen (und) verbrannt werden''.

Thomas hat die Pointe bewahrt, welche bei Matthäus 13, 24-30 verloren gegangen ist: am Tage der Ernte werden die Lolchpflanzen offenbar, sichtbar werden. Denn der Samen des Lolches, Lollium temulentum, ist wie seine Ähre dem Weizen sehr ähnlich. Erst die Frucht des Lolches ist dunkler als die des Weizens. Ausserdem übersetzt ,,Thomas'' den biblischen Ausdruck ,,Tag der Ernte'' (*Prov.* 25, 13: יוֹם קָצִיר) buchstäblicher als Matthäus 13, 30: ἐν καιρῷ τοῦ θερισμοῦ.

Es kann also keine Rede davon sein, dass ,,Thomas'' von ,,Matthäus'' abhängig ist. Hermas (*Sim.* 4, 1-4) hat eine Verbindung mit der Version des ,,Thomas'', wenn er sagt, dass die Heiden und die Sünder κατακαυθήσονται καὶ φανεροὶ ἔσονται.

Auch das weist auf unabhängige Überlieferung hin.

Dennoch ist ,,Thomas'' unverständlich. Er sagt nicht, dass der Mann den guten Samen sät. Er verschweigt den Vorschlag der Feldarbeiter, den Lolch auszureissen.

Dennoch muss man vermuten, dass das in seiner Quelle stand. Denn Aphraates erwähnt die Arbeiter in einer Anspielung auf das Gleichnis, welches Verwandtschaft mit der Version des ,,Thomas'' zeigt:

> ,,Dominus sementis *servos* non sinit triticum a zizaniis ante messem purgare'' (VII, 25, Parisot S. 335).

Es ist undenkbar und durch nichts bewiesen, dass Aphraates das *Thomasevangelium* benutzt hat. Beide müssen aus einer gemeinsamen Quelle schöpfen, welche den Vorschlag der Arbeiter erwähnte.

Auch Übersetzungsfehler finden sich im *Thomasevangelium*. In der griechischen Version von Logion 27 steht folgende Wendung:

Ἐὰν μὴ νηστεύετε τὸν κόσμον, οὐ μὴ εὕρητε τὴν βασιλείαν τοῦ θεοῦ· καὶ ἐὰν μὴ σαββατίσητε τὸν σάββατον, οὐκ ὄψεσθε τὸν πατέρα.

Wie mir scheint, hat die koptische Übersetzung den harten, durchaus ungriechischen Ausdruck νηστεύειν τὸν κόσμον buchstäblich wiederholt: ⲉⲧⲉⲧⲛ̄ⲧⲙ̄ⲣ̄ⲛⲏⲥⲧⲉⲩⲉ ⲉⲡⲕⲟⲥⲙⲟⲥ. Denn ⲉ ist hier wohl als *nota accusativi* aufzufassen.

Derselbe Ausdruck findet sich, wie A. Guillaumont gezeigt hat, im syrischen *Liber Graduum*.[1] Das weist natürlich auf die syrischen Ursprünge des *Thomasevangeliums* hin. Allerdings kennt das *Liber Graduum* zwei Formen dieses Wortes: fasten ,,von" der Welt" (מן עלמא) = ,,fasten in bezug auf die Welt". (2, 4; 4, 4) und ,,*die* Welt fasten" (לעלמא) (29, 7; 15, 16).

Der letzte Ausdruck findet sich auch bei Aphraates, *Demonstrationes* XIV, 16. Guillaumont führt das zurück auf den arämaischen Ausdruck צום ל ,,Fasten "von", wobei der Autor des *Thomasevangeliums* fälschlich dieses als *nota accusativi* auffasste oder vielleicht sogar den Akkusativ τὸν κόσμον benutzte, um seine aramäische Vorlage ganz buchstäblich wiederzugeben.

Daraus muss man schliessen, dass das *Thomasevangelium* eine aramäische Quelle benutzt hat. Wenn das *Liber Graduum* den Ausdruck ,,die Welt fasten" übernimmt, zeigt das, dass der Autor des *Liber Graduum* das *Thomasevangelium* gekannt hat, und zwar in der griechischen Version: denn er übersetzt das griechische νηστεύειν τὸν κόσμον. Wenn nun aber das *Liber Graduum* auch die richtige Wiedergabe des Ausdrucks: ,,fasten 'von' der Welt" kennt, beweist das, dass es die aramäische Quelle des *Thomasevangeliums* noch gekannt hat. Dieses Logion war judenchristlichen Ursprungs: denn die Judenchristen hielten streng den Sabbat, was die Heidenchristen eben nicht taten. Das bezeugt Epiphanius (*Pan.*, 30, 2, 2).

Diese Quelle des *Thomasevangeliums* setzt das hebräische Alte Testament und nicht die *Septuaginta* voraus. Das zeigt zum Beispiel Logion 65: ,,Ein rechtschaffener Mann hatte einen Weingarten. Er gab ihn Winzern".[2] Das ist eine Anspielung auf Jes. 5, 1 (hatte = היה ל). Es fehlen aber die Worte καὶ περιέθηκεν φραγμόν, welche Markus (12, 1) der Septuaginta entnommen hat und welche Jesus nie gesprochen haben kann, weil seine Heilige Schrift eben nicht die *Septuaginta*, sondern das hebräische Alte Testament war. Ebensowenig bietet Thomas die Worte ἐφύτευσεν ἀμπελῶνα (Lukas 20, 9 par.), eine falsche Wiedergabe von Jes. 5, 3 *Sept.*: ἐφύτευσα ἄμπελον

---

[1] A. Guillaumont, Νηστεύειν τὸν κόσμον, Bulletin de l'Institut Français d'Archéologie Orientale, LXI, 1962, S. 15-23.

[2] Dass dieses Logion nicht den kanonischen Evangelien entnommen ist, sondern eine unabhängige und bessere Tradition enthält, zeigt B. M. F. van Iersel, ,,*Der Sohn" in den synoptischen Herrenworten*, Leiden 1961, S. 124-145.

σώρηχ, welche auf der irrigen Annahme beruht, dass ἄμπελος in der Jesaiastelle ,,Weingarten'' bedeutet und nicht, wie es in Wirklichkeit der Fall ist, ,,Weinstock''.[1]

Dass aber diese Quelle judenchristlich war, zeigt sich darin, dass der Sohn in diesem Gleichnis *,,der Erbe des Weingartens''* ist, also der Messias des Volkes Israels. Der Ausdruck *,,der Erbe des Weingartens''* findet sich nicht im Neuen Testament. Aber Judenchristen mussten betonen, dass der Christus zuerst der Messias des jüdischen Volkes war. R. Brown hat festgestellt, dass diese judenchristliche Quelle nicht beeinflusst worden ist vom *Evangelium des Johannes*, während die enkratitische Quelle das vierte Evangelium wohl benutzte.[2] Auch die judenchristlichen Evangelienfragmente und die Pseudo-Klementinen kennen das Johannesevangelium nicht.[3]

Diese Tradition verrät, dass sie in einer jüdischen Umgebung weiter gegeben wurde:

a) So, wenn es heisst: ,,Kommt zu mir, denn leicht ist mein Joch und meine Herrschaft ist mild (L. 90)''.

Das ganze Logion ist kürzer und deshalb wohl ursprünglicher als Matthäus 11, 28-30. Im *Targum* zu Jesaia (14, 25; 47, 6) wechseln ,,Joch'' (על) und ,,Herrschaft'' (מרותא).[4] Das weist auf Nähe zum Judentum!

b) Das Gleichnis vom Schatz im Acker ist unter dem Einfluss einer rabbinischen Erzählung (*Midr. Hoheslied* zu 4, 12) ganz verwildert.[5] Das zeigt, dass der Kreis, in dem dieser Stoff tradiert wurde, in einer jüdischen Umgebung lebte.

Auch judenchristliche Tendenzen sind ganz deutlich.

So wird der Primat über die ganze Kirche Jakobus dem Gerechten zugeschrieben (L. 12); es wird anerkannt, dass die Pharisäer die Schlüssel der Erkenntnis empfangen haben, d.h. dass sie die mündliche Tradition zum Gesetz von Mose her ererbt haben (L. 39); auch werden die Armen (nicht die Armen im Geiste) selig gepriesen und mit den Jüngern Jesu identifiziert (L. 54): das kann man erwarten

---

[1] Weitere Beispiele in: G. Quispel, *Das Thomasevangelium und das Alte Testament*, Neotestamentica et Patristica, Leiden 1962, S. 243-248.

[2] R. Brown, *The Gospel of Thomas and St. John's Gospel*, N.T.S., 9, 1963, S. 155-177.

[3] H. M. van Nes, *Het Nieuwe Testament in de Clementinen*, Amsterdam 1887, S. 91.

[4] G. Messina, *Diatessaron Persiano*, Rom 1951, S. LXXII.

[5] J. Jeremias, *Die Gleichnisse Jesu*, 6, S. 28.

in einem judenchristlichen Kreis, welcher auf den Besitz verzichtet hatte und deswegen Ebioniten, „Arme", genannt wurde.

Es liessen sich noch viele Logien nennen, welche wegen ihres Inhalts, wegen ihrer Aramäismen oder wegen ihrer Verbindungen zur übrigen judenchristlichen Literatur ihre Herkunft aus der judenchristlichen Quelle deutlich zeigen. Verschiedene Logien haben Verwandtschaft mit der Evangelientradition der *Pseudo-Klementinen*.[1] Aber die eigentlichen Sonderlehren dieser Schrift und der westsyrischen judenchristlichen Gruppe, welche dahinter steht, findet man im *Thomasevangelium* nicht. Das heterodoxe Judentum der *Pseudo-Klementinen* ist wohl eine Abzweigung des eigentlichen Judenchristentums, dessen Tradition im Thomasevangelium vorliegt.

Wir haben hier also das Erbe der Urgemeinde von Jerusalem, und zwar der Faktion der Hebräer, der aramäisch sprechenden Judenchristen, welche von den Hellenisten, den griechisch redenden Judenchristen, wohl zu unterscheiden sind (*Acta* 8, 1).

Dass wir nun nicht eine Logienquelle oder die mündliche Tradition oder gar die Logienquelle Q von Matthäus und Lukas als Quelle des *Thomasevangeliums* annehmen müssen, sondern wirklich ein geschriebenes judenchristliches Evangelium, nehme ich aus folgenden Gründen an:

1) Das *Hebräerevangelium* bestand sehr wahrscheinlich schon, als „Thomas" um 140 in Edessa geschrieben wurde. Logion 2 gibt eine längere und amplifizierte Form von Fragment 27 des *Hebräerevangeliums*: ὁ θαυμάσας βασιλεύσει καὶ ὁ βασιλεύσας ἀναπαήσεται.

2) Das *Nazoräerevangelium* war noch im vierten Jahrhundert in aramäischer Fassung bei den Judenchristen in Beröa in Ehren. Aphraates und das *Liber Graduum* kennen es noch. Dann ist es doch wahrscheinlich, dass die Judenchristen es aus Palästina nach Ostsyrien, also auch nach Edessa mitgebracht haben.

3) Im *Thomasevangelium* spricht Jesus zu seinen Jüngern, nicht zu seinen Gegnern, den Pharisäern, oder zu der Menge (L. 12, L. 20, L. 99, L. 113). Das war auch im *Hebräerevangelium* der Fall (Fr. 25: dominum *ad discipulos* loquentem).

4) Es gibt zwischen beiden stilistische Übereinstimmungen: L. 72: „Er sagte zu ihm: O Mann.... Er wandte sich an seine Jünger und sagte zu ihnen:...." H. E. fr. 11: *homo.. et CONVERSUS....*

---

[1] G. Quispel, *L'Évangile selon Thomas et les Clémentines*, V.C., XII, 1958, S. 181-196.

Der Ausdruck στραφεὶς πρὸς τοὺς μαθητάς findet sich im Neuen Testament nur Lukas 10, 23. Nun hat aber H. Schürmann gezeigt, dass ,,Thomas'' das Lukasevangelium gar nicht gekannt hat.[1]

5) Logion 78 lautet:

> ,,Jesus sagte: Weshalb seid ihr aufs Feld herausgekommen? Um ein Schilfrohr zu sehen, das vom Winde bewegt wird? Und um einen Menschen zu sehen, der weiche Kleider anhat? (Seht, eure) Könige und eure Grossen, die haben die weichen (Kleider) an, und sie (werden) die Wahrheit nicht erkennen können''.

Aus nichts geht hervor, dass sich dieses Wort auf Johannes den Taufer bezieht. Das muss aber in der Quelle gestanden haben! In dieser Quelle muss doch angegeben gewesen sein, über wen und bei welcher Gelegenheit Jesus dies gesagt hat. Dann aber muss die Quelle ein *Evangelium* gewesen sein.

6) Logion 65 ist eine drastische Zeichnung einer revolutionären Situation in Galiläa ohne jeden allegorischen Zug.[2]

Allerdings hat der Autor der Quelle dem Gleichnis eine spezielle Wendung gegeben, indem er Logion 66 hinzufügte.

> ,,Belehre mich über den Stein, den die Bauleute verworfen haben und der der Eckstein ist!''

Da fragt Jesus nun, ganz in der Art der Rabbinenschüler, Belehrung über ein Bibelwort. Man vergleiche die Aufforderung Rabbi Tarfons durch seine Hörer: לַמְּדֵנוּ = διδαξον ἡμᾶς.[3]

So heisst es im Logion: ⲙⲁⲧⲥⲉⲃⲟⲉⲓ = διδαξον με, d.h. belehre mich, sprich mir gegenüber eine begründete Lehrmeinung über das Psalmwort vom Stein aus, den die Bauleute verwarfen.[4] Diese jüdische Wendung zeigt, dass das Logion von der kanonischen Überlieferung unabhängig ist. Der Autor der Quelle hat durch diesen Zusatz das Gleichnis auf Jesus bezogen, welcher der Stein ist, den die Bauleute verworfen haben und der trotzdem durch seine Auferstehung zum Eckstein geworden ist.

---

[1] H. Schürmann, *Das Thomasevangelium und das Lukanische Sondergut*, Biblische Zeitschrift, VII (1960), S. 242.

[2] Jeremias, *Gleichnisse*, S. 67-75.

[3] *S Nu* zu 18, 18. S. 143, 3 f. Horovitz.

[4] cf. *Theol. Wörterbuch zum Neuen Testament*, s.v. διδάσκω, II, S. 141.

Das ist doch ein redaktioneller Eingriff eines Evangelisten! Das tut die mündliche Tradition doch nicht!

6) Hinzu kommt eine deutliche Verwandtschaft mit der judenchristlichen Evangelientradition (L. 12 - *H. Ev.* fr. 12; L. 99 - *Ebioniten Ev.*, Fragment 4).

7) Hinzu kommen aber nun auch noch die sehr auffälligen Übereinstimmungen dieser judenchristlichen Logien mit Aphraates. Es ist durchaus nicht so, dass Aphraates nur das *Diatessaron* Tatians benutzt. Das geht aus einigen Varianten hervor, welche im *Diatessaron* Tatians gefehlt haben – soweit wir das auf Grund der Versionen des Diatessarons beurteilen können –, aber im *Thomasevangelium* ihre Entsprechung haben:

Aphr.: Dominus *sementis* servos non *sinit* triticum a zizaniis ante messem purgare (7, 25, Par. S. 355).

Thomas: Der Mann *liess* sie nicht den Lolch ausreissen (L. 57).

Aphr.: *Prudens* mercator facultates suas vendat et margaritam *sibi* comparet (16, 16, S. 610).

Thomas: Jener Händler ist *klug....* er kaufte *sich* die eine Perle (L. 76).

Aphr.: Seminator inplevit *manum suam* (seminibus), quae in terram suam proiicit (14, 46, S. 715).

Thomas: Siehe, der Sämann ging, er *füllte* seine *Hand,* er *warf* (L. 9).

Aphr.: Qui adsumit iugum sanctorum, *negotiationem* a se removeat (6, 1, S. 254).

Thomas: Die Käufer und die Händler werden nicht in die Orte (= auf die Sitze) meines Vaters kommen (L. 64).

Das sind keine zufälligen Übereinstimmungen. Aphraates hat sie auch nicht aus dem *Thomasevangelium* übernommen. Es ist aber unmöglich, anzunehmen, dass Aphraates diese Jesusworte der mündlichen Tradition entnommen hat. Er muss sie einem apokryphen Evangelium entnommen haben. Im syrischen Raum hören wir aber nur vom *Nazoräerevangelium.* Das muss denn auch die Quelle des *Thomasevangeliums* sein. Allerdings ist es schwierig, das Verhältnis des (griechischen) *Hebräerevangeliums* zum (aramäischen) *Nazoräerevangelium* festzustellen. Es ist naheliegend, das *Hebräerevangelium* für eine erweiternde Übersetzung des *Nazoräerevangeliums* zu halten.

Bisher hat man das *Thomasevangelium* noch nicht zur Lösung dieser Frage herangezogen. Wenn man es tut, wird man davon ausgehen müssen, dass die judenchristliche Quelle von ,,Thomas" mit einem judenchristlichen Evangelium identisch ist.

Uns braucht diese Frage nicht zu beschäftigen. Wir stellen nur fest, dass etwa die Hälfte der Logion, welche der judenchristlichen Quelle entnommen sind, ihrem Ursprung nach nicht gnostisch sind.

b) *Die enkratitische Quelle*

Mann pflegt zu sagen, dass wir fast nichts vom *Ägypterevangelium* wissen. Das ist eine billige Skepsis, welche der Wissenschaft nicht förderlich ist. Mir scheint, dass wir sehr viel vom *Ägypterevangelium* wissen, wenn wir die erhaltenen Fragmente richtig lesen. Dann sehen wir, dass der Autor ein grosser Theologe war, welcher von einem grossen Gedanken beherrscht war: das Christentum ist die Aufhebung des Lebensdurstes. Wenn aber dieser Lebenswille verneint wird, dann ist das Königreich Gottes schon da! Diesem Gesichtspunkt hat er die synoptische Tradition, über welche er verfügte, unterworfen. Allerdings hat er sich auch von der hellenistischen Philosophie beeinflussen lassen: das *Ägypterevangelium* ist ein hellenistisches Evangelium. Diese Ansicht wollen wir nun im Folgenden begründen.

Lukas 20, 34-36 lautet in der Fassung des *Codex Bezae* :[1]

> Die Kinder dieser Welt werden geboren und erzeugen (γεννῶνται καὶ γεννῶσι), heiraten und werden verheiratet. Aber diejenigen, welche gewürdigt sind, jene Welt zu erlangen und die Auferstehung aus den Toten, heiraten nicht und werden nicht verheiratet, denn sie werden nicht mehr sterben (οὐδὲ γὰρ ἀποθανεῖν ἔτι μέλλουσιν).

Die altsyrischen Übersetzungen lesen dafür:

> Die Kinder dieser Welt *erzeugen* und *gebären* ;[2]

Das führt auf ein aramäisches Original:

> yalᵉdhin umolᵉdhin, was griechisch heisst:
> τίκτουσι καὶ γεννῶσιν.[3]

Dieses Jesuswort war für die Enkratiten von grosser Bedeutung.

---

[1] F. H. Scrivener, *Codex Bezae*, Cambridge 1899, Folio 266.
[2] F. C. Burkitt, *Evangelion Da-Mepharreshe*, Cambridge 1904, S. 386-387.
[3] M. Black, *An Aramaic Approach to the Gospels and Acts*. Oxford 1946, S. 162 f.

Sagt es doch, dass es in der Auferstehung keine Ehe und keine Geburt mehr gibt, weil es auch keinen Tod mehr gibt. Die Auferstehung war schon gekommen, weil Jesus auferstanden war. Also gab es auch keine Ehe mehr.

Klemens von Alexandrien erzählt, wie die alexandrinischen Enkratiten diese Auffassung verteidigen:

τὴν ἀνάστασιν ἀπειλήφασιν, ὡς αὐτοὶ λέγουσι, καὶ διὰ τοῦτο ἀθετοῦσι τὸν γάμον.[1]

Das ist natürlich eine Exegese von Lukas 20, 34-36. An anderer Stelle wird überliefert, dass der Enkratit Julius Cassianus sich auf dieses Wort beruft, um die Verheirateten, welche, von irdischen Dingen beherrscht, γεννῶσι καὶ γεννῶνται, den Enkratiten gegenüber zu stellen, deren Wandel schon im Himmel ist, von wo sie auch die Wiederkunft des Erlösers erwarten.[2]

Dieselbe Auffassung und dasselbe Jesuswort scheint mir nun dem Fragment des *Ägypterevangeliums* zugrunde zu liegen, wo Salome fragt: Μέχρι τίνος οἱ ἄνθρωποι ἀποθανοῦνται (cf. D: μέλλουσιν ἀποθανεῖν) und worauf Jesus antwortet: Μέχρις ἂν τίκτουσιν αἱ γυναῖκες (cf. τίκτουσιν καὶ γεννῶσιν).

Und zwar scheint hier nicht Lukas selbst zugrunde zu liegen, sondern die ausserkanonische, aramäische Fassung, welche Black erschlossen hat.

Dieses Wort ist sehr eindrucksvoll. Unsere Welt ist eine Welt von Geburt und Tod. Die Frauen gebären Kinder, welche sterben müssen. Die Liebe führt zum Tode. Wenn aber der Mensch sich entscheidet, diese Welt von Geburt und Tod zu verlassen, nicht mehr zu erzeugen und zu gebären, dann wird schon hier und jetzt das Königreich Gottes, die Auferstehung der Toten, kommen. So benutzt der Autor des *Ägypterevangeliums* ein Jesuswort, um die Lösung für ein hellenistisches Problem zu geben: wie überwinde ich den Eros, der die Ursache des Todes ist. Denn so sagt es der *Poimandres*: τὸν αἴτιον τοῦ θανάτου ἔρωτα (c. 18).[3]

Das Christentum des *Ägypterevangeliums* ist die Antwort auf diese Frage des hellenistischen, alexandrinischen Menschen.

---

[1] Clemens Alexandrinus, *Strom*. III, 48, 1, Stählin, II, S. 218.
[2] id., III, 95, 2, Stählin II, S. 240.
[3] Nock-Festugière, *Corpus Hermeticum*, I, Paris 1945, S. 13.

Deshalb ist Christus gekommen, diese ganze Welt von Geburt und Tod aufzulösen: Ἦλθον καταλῦσαι τὰ ἔργα τῆς θηλείας.[1]

Wiederum stellen wir fest, dass der Autor hier ausserkanonische Tradition zu benutzen scheint. Denn im *Ebioniterevangelium*, Fr. 4, sagt Jesus: Ἦλθον καταλῦσαι τὰς θυσίας.[2]

Man vergleiche den Unterschied!

Nach dem judenchristlichen Evangelium ist Jesus *nur* gekommen, um den Opferdienst im Tempel abzuschaffen. Nach dem *Ägypterevangelium* ist Jesus gekommen, um Geburt und Tod aufzuheben und schon jetzt und hier das Himmelreich zu realisieren.

Die Christologie des *Ägypterevangeliums* war modalistisch gefärbt, wie in den apokryphen Evangelien und wie der Gemeindeglaube auch heute noch. In ihm, so erzählt *Epiphanius*[3], hat Christus im geheimen offenbart, der Vater, der Sohn und der Heilige Geist seien ein und derselbe. Jesus war nach dem *Ägypterevangelium* identisch mit Gott.

Es lehrte auch den einheitlichen Menschen. Das geht aus einem Zitat aus Julius Cassianus bei Klemens von Alexandrien hervor. Allerdings muss man bedenken, dass Cassianus hier auf zwei verschiedene Worte anspielt, welche auch gesondert überliefert sind. Klemens sagt denn auch nicht, dass dieses Wort im *Ägypterevangelium* steht, sondern nur, dass das Gesagte (τὸ ῥητόν), das, was Cassianus anführt, auch im *Ägypterevangelium* steht. Cassianus braucht nicht buchstäblich zu zitieren:

> „Deshalb sagt nun Cassianus: Als Salome fragte, wann man das, was sie erfragt hatte, erkennen würde, sprach der Herr: „Wenn ihr das Gewand der Scham mit Füssen treten werdet" (ὅταν τὸ τῆς αἰσχύνης ἔνδυμα πατήσητε) und „Wenn die zwei eins werden und das Männliche mit dem Weiblichen weder männlich noch weiblich" (τὸ ἄρρεν μετὰ τῆς θηλείας οὔτε ἄρρεν οὔτε θῆλυ). Erstens nun haben wir das Gesagte nicht in den uns überlieferten vier Evangelien, sondern in dem *Ägypterevangelium*"[4].

Auch das lässt sich in Alexandrien verstehen, sowohl die Einheitlichkeit des Menschen, wie seine Bekleidung.

Wenn man in Alexandrien sagt, der Mensch soll eins werden, dann setzt das eine ganze Ideologie voraus.

---

[1] Clemens Alexandrinus, *Strom.* III, 63, Stählin II, S. 225.
[2] Epiphanius, *Panarion*, 30, 16, Holl, I, S. 354.
[3] Epiphanius, *Panarion*, 62, 4, Holl II, S. 391.
[4] Clemens Alexandrinus, *Strom.*, III, 92, Stählin II, S. 238.

Adam, d.h. der Mensch, der nach dem Bilde Gottes geschaffen war, war nach Philo körperlos, weder männlich noch weiblich, unvergänglich von Natur[1]; dies im Gegensatz zu dem Menschen, der aus Erde geschaffen wurde, welcher geschlechtlich differenziert war, Mann und Weib.

Der Ursprung der Sünde war das Weib. Denn so lange der Mensch eins (εἷς) war, war er Gott ähnlich. Gott ist eins, und die Welt ist eins, so war auch der Mensch eins. Durch das Weib ist die Begierde entstanden. Deshalb hat Adam, und hat auch Eva, das sterbliche Leben anstatt des unsterblichen bekommen. Vorher war Adam in seiner Einheitlichkeit (μόνωσις) Gott ähnlich. Denn Gott ist nach Philo nicht nur ein einziger Gott; er ist auch in sich ganz einheitlich.[2]

Aus dieser Prämisse folgt natürlich, dass der Mensch versuchen muss, diese ursprüngliche und paradiesische Einheitlichkeit wiederzugewinnen. Dem gibt Philo dann die Wendung – verständlich, wenn man bedenkt, wie Eva aus Adam entstanden ist –, dass man das Zerspaltene wieder zusammenbringen muss, so dass das weibliche Element männlich wird.[3]

Das weibliche Geschlecht muss aufgegeben werden, indem man es ins Männliche verändert.[4]

Das waren nun Gedanken, welche in Alexandrien wenigstens bei *einem* Juden bestanden und offenbar vom Autor des *Ägypterevangeliums* übernommen worden sind. Man sieht daraus, dass der Enkratismus in Alexandrien schon vorbereitet war, und zwar in jüdischen Kreisen. Das ist nun auch mit dem anderen Logion, dem über das Ausziehen des Gewandes, der Fall. Wie wir schon gezeigt haben, setzt dies Philos Exegese von *Genesis* 3, 21 voraus: der δερμάτινος χιτών ist der Körper. Das bedeutet dann aber auch, dass die Seele präexistent im Paradiese lebte. Das ist der Fall bei Julius Cassianus, und wir haben keine Veranlassung anzunehmen, dass es im *Ägypterevangelium* anders sei.

Das bedeutet dann aber, dass im *Ägypterevangelium* das Verhältnis von Seele und Leib ganz platonisch aufgefasst wird.

Schliesslich sei noch der Ideologie des Paradieses gedacht, welche im *Ägypterevangelium* vorliegt.

---

[1] *De Opificio Mundi*, 134:
ἀσώματος, οὔτ' ἄρρεν οὔτε θῆλυ, ἄφθαρτος φύσει.
[2] ib., 151-152.
[3] *Quaestiones in Gen.* 2, 49; R. Marcus, *Loeb* 1953, S. 131.
[4] *Quaestiones in Ex.*, 1, 8; R. Marcus, *Loeb* 1953, S. 15.

Wenn Salome fragt: ,,So hätte ich also gut daran getan, nicht zu gebären?'', antwortet Jesus: Πᾶσαν φάγε βοτάνην, τὴν δὲ πικρίαν ἔχουσαν μὴ φάγῃς.

Das ist, wie mir scheint, eine Anspielung auf *Gen.* 1, 29, wo der Mensch πᾶν χόρτον als Speise bekommt, und *Gen.* 2, 17, wo dem Menschen verboten wird, vom Baum der Erkenntnis zu essen (οὐ φάγεσθε), weil er dann sterben wird.

Die Früchte des Baumes der Erkenntnis sind bitter, weil nach jüdischer Auffassung die Schlange sie mit dem Geschlechtstrieb infiziert habe.

Auch bei den alexandrinischen Enkratiten findet sich diese Auffassung vom Baum der Erkenntnis.

Nach ihnen bedeutete diese Erkenntnis (γνῶσις) die Geschlechtsgemeinschaft. Der Baum der Erkenntnis sei eine Andeutung dafür, dass Adam und Eva geschlechtlichen Umgang hatten: das ist die Ursünde.[1] So ist zweifellos auch das Wort im *Ägypterevangelium* zu verstehen.

Der Autor dieser Schrift kennt also das Alte Testament. Jede gnostische Karikatur oder Verdrehung des Textes fehlt. Das Alte Testament war dem Autor eine Heilige Schrift.

Allerdings hat er ein jüdisches Vorverständnis der Paradiesgeschichte und des Baumes der Erkenntnis. Er war also wohl Jude von Geburt. Seinen enkratitischen Freisinn bekundet er durch die Erlaubnis, alles zu essen, ohne auf Speisegebote zu achten. Und er muss gedacht haben, dass durch die Aufhebung der Geschlechter das Paradies wiederhergestellt war.

Das ist eine geschlossene Theologie, welche den Genius eines originalen Denkers, eines christlichen Schopenhauer, verrät. Die Fragmente zeigen einen persönlichen Stil und eine sehr eigenwillige Interpretation der christlichen Religion. Wie im Johannesevangelium! Aber natürlich hat er, wie Johannes, Quellen benutzt. Diese lassen sich noch einigermassen feststellen.

Die wenigen Fragmente lassen nicht zu, viel über die christlichen Quellen des *Ägypterevangeliums* zu sagen. Allerdings meinten wir, in einem Falle Abhängigkeit von Lukas oder gar von einer ausserkanonischen, mit Lukas parallelen Quelle feststellen zu können. Das *Ägypterevangelium* ist in christlichen Kreisen Ägyptens entstanden, möglicherweise zu Anfang des zweiten Jahrhunderts

---

[1] Clemens Alexandrinus, *Strom.*, III, 104, Stählin, II, S. 244.

(± 120). Die Papyrusfunde zeigen, dass damals schon das Johannes-evangelium und die synoptischen Evangelien in Ägypten bekannt gewesen sein können. Daneben war ausserkanonische Tradition in Umlauf. Das judenchristliche Evangelium war früh in Ägypten ver-breitet: wenn es richtig ist, dass zuerst Judenchristen nach Ägypten gekommen sind, um ihren Volksgenossen dort die Frohbotschaft zu verkünden, muss damit gerechnet werden, dass der Autor des *Ägypterevangeliums* ihre Evangelientradition kannte. Man darf ver-muten, dass dem Autor sowohl die vier kanonischen Evangelien, oder wenigstens einige davon, und judenchristliche Evangelien be-kannt gewesen sind.

Dass das *Ägypterevangelium* aber auch hellenistisch beeinflusst ist, zeigt sowohl das Thema vom Ausziehen des körperlichen Ge-wandes wie das Thema von der Angleichung des Männlichen und des Weiblichen und, wie es sonst heisst, des Äusseren und des Inneren. Porphyrius zeigt, dass die Themen zusammenhängen: nur wenn man die körperliche Hülle auszieht, kann man das Weib wie den Mann und das Äussere wie das Innere machen.

Porphyr sagt:

> „Wir müssen unsere vielen Kleider (χιτῶνες) ausziehen, das äussere fleischliche und die vielen inneren, welche den Kleidern aus Haut (δερματίνοις) ähnlich sind.... Einige Kleider sind äusserlich (ἔξωθεν), andere innerlich (ἔσωθεν). Das Fasten, zum Beispiel, und das Nichtannehmen von angebotenem Geld ge-hört zu den sichtbaren und offenbaren Dingen, aber nicht ein-mal so etwas zu begehren, zu den unsichtbaren Dingen".[1]

Man muss also nicht nur äusserlich fasten, sondern auch keine Speise begehren, nicht nur arm sein, sondern auch kein Geld wün-schen. Das Äussere soll mit dem Innern übereinstimmen und das Innere mit dem Äussern.

Das ist erst möglich, wenn man das Kleid aus Haut, und das ὄχημα, das ätherische Kleid, das die Seele auf dem Weg zur unteren Welt anzieht, ausgezogen hat und sich ganz auf die reine, vernünftige Seele zurückgezogen hat.

Diese hellenistische Auffassung, welche zuerst bei Porphyrius in dieser Form zu finden ist, aber natürlich sehr viel älter ist, liegt nun sowohl dem Logion vom Ausziehen der Scham wie dem von der An-gleichung des Äusseren und des Inneren zugrunde. Unverfroren hat

---

[1] *De Abstinentia*, I, 31, Nauck, S. 62-63.

der Autor des *Ägypterevangeliums* Jesus griechische Weisheit in den Mund gelegt.

Das *Ägypterevangelium* hat eine starke Wirkung gehabt.

Noch die Osterpredigt des Pseudo-Hippolytus zitiert es, wenn sie sagt, dass Christus das Werk des Weibes vernichten wollte und der ein Ende bereiten, welche als Trägerin des Todes zuvor aus der Seite des Adams entstanden war.[1] Das ist ein orthodoxer Text aus dem 4. oder 5. Jahrhundert!

Klemens muss den Text umdeuten, um dessen Katholizismus zu retten. Das bedeutet, dass es noch zur Zeit des Klemens im christlichen Ägypten als eine angesehene Schrift galt.

Aber auch der valentinianische Gnostiker Theodotus (2. Jahrhundert, und wohl in Alexandrien zu Hause) muss es umdeuten:

> „Und wenn der Herr zu Salome sagt, dass der Tod so lange herrschen werde, wie die Weiber gebären, so will er damit nicht die Zeugung schlecht machen, die doch notwendig ist wegen der Rettung der Gläubigen".[2]

Natürlich will das *Ägypterevangelium* die Zeugung schlecht machen. Aber es genoss eine solche Autorität, dass Theodotus sich noch darauf berufen konnte und seinen Sinn verdrehen musste. Wenn aber der Gnostiker es umdeuten muss, um seine Lehre darin zu finden, ist bewiesen, dass das *Ägypterevangelium* nicht gnostisch ist. Klemens würde sicher Stellen über den Demiurgen und den Scheinleib Christi zitiert haben, wenn sie vorhanden wären. Er tat das aber nicht.

So müssen wir schliessen, dass das *Ägypterevangelium* weder gnostisch noch katholisch ist. Es ist enkratitisch!

Und wie die enkratitischen *Sprüche des Sextus* zeigt es einen grossen Einfluss der griechischen Philosophie.

Das konnte man in Alexandrien Anfang des 2. Jahrhunderts erwarten.

Der selbe Geist findet sich im *Thomasevangelium*.

Auch dort der Modalismus, der Zusammenhang von Geburt und

---

[1] P. Nautin, *Homélies Pascales*, Une Homélie inspirée du traité sur la Pâque d'Hippolyte, Sources Chrétiennes 27, Paris 1950, S. 181:
Τὸ γὰρ ἔργον τῆς θηλείας λῦσαι θελήσας καὶ τὴν ἐκ πλευρᾶς πρότερον ῥεύσασαν ἐπισχεῖν θανατηφόρον.

[2] F. Sagnard, *Extraits de Théodote*, Sources Chrétiennes 23, Paris 1948, S. 190.

Tod, die realisierte Eschatologie, die Betonung der Einheitlichkeit des Menschen, die Thematik von Seele und Leib, die Ideologie des wiedergewonnenen Paradieses! Auch dort die Abwesenheit typisch gnostischer Lehren.

Da fragt man sich, ob das Thomasevangelium nicht vielleicht das *Ägypterevangelium* als Quelle benutzt hat.

,,Thomas'' hat nämlich neben dem judenchristlichen Evangelium noch eine andere Quelle benutzt:

> ,,Jesus sagte: Wenn ihr das in euch hervorbringt, wird das, was ihr habt, euch retten. Wenn ihr das in euch nicht habt, wird das, was ihr nicht in euch habt, euch töten'' (Logion 70).

Dieses Logion setzt einen Zusammenhang voraus, in dem Jesus ausführt, was es denn ist, das der Mensch in sich erzeugen muss, um gerettet zu werden. Wir können vermuten, dass es die Reinheit und die Heiligkeit ist. Auffällig ist, dass der Mensch nicht φύσει, von selbst gerettet wird, wie die Gnostiker lehren. Er braucht ἐγκράτεια, Enthaltsamkeit und gute Werke, welche der Gnostiker nicht braucht (Iren., *Adv. Haer.*, I, 6, 4).

Er kann auch verloren gehen.

Der Kontext der ganzen Schrift zeigt, dass so etwas gemeint wird. Dass es nicht gesagt wird, beweist, dass hier eine Quelle verarbeitet wird.

Manches weist darauf hin, dass diese Quelle mit dem *Ägypterevangelium* identisch ist.

Ägypterevangelium	*Thomas L. 22*
	Jesus sagte zu ihnen:
ὅταν γένηται τὰ δύο ἓν καὶ	Wenn ihr die zwei eins macht, und
τὸ ἄρρεν μετὰ τῆς θηλείας	wenn ihr das Innere wie das Äussere
οὔτε ἄρρεν οὔτε θῆλυ	macht und das Äussere wie das Innere und das Obere wie das Untere und wenn ihr das Männliche und das Weibliche zu einem Einzigen macht, so dass das Männliche nicht männlich und das Weibliche (nicht) weiblich ist,....

Es spricht vieles dafür, anzunehmen, dass Julius Cassianus ein abgekürztes Zitat des *Ägypterevangeliums* bietet, während ,,Thomas'' die Quelle besser bewahrt hat.

Denn parallele Fassungen haben wie ,,Thomas'' die Lesart ποιήσητε oder eine ähnliche aktive Form des Verbums ποιεῖν.

Das finden wir in den *Acta Petri*, c. 38 ('Ἐὰν μὴ ποιήσητε....), in den *Thomasakten* (c. 147: τὸ ἐντὸς ἐκτὸς πεποίηκα) und den *Philippus-akten* (c. 140: ποίησητε).

Und dann lässt sich das Logion verstehen.

Porphyrius hat uns die philosophische Lehrmeinung bewahrt, dass das Innere mit dem Äusseren überstimmen muss (*De Abstinentia*, I, 31). In diesem Sinne sagt das Logion, dass man nicht nur auf die Ehe verzichten, sondern auch jede innerliche Begierde und Habsucht ablegen muss, so dass man die geschlechtliche Differenzierung auf-hebt und Mensch wird.

Das Logion zeigt also Einfluss der griechischen Philisophie. Zu-gleich aber erinnert das Wort an ein Logion aus der freien Tradition. Logion 89 des Thomasevangeliums lautet in der jetzigen Gestalt:

> ''Jesus sagte: Weshalb wascht ihr das Äussere des Bechers? Versteht ihr nicht, dass der, der das Innere gemacht hat, auch der ist, der das Äussere gemacht hat?''

Die Formulierung befremdet. Es wird davon gesprochen, dass man nicht nur das Äussere, sondern auch das Innere des Bechers waschen soll. Denn, so erwartet man, der Verfertiger hat nicht nur die Aussenseite, sondern auch die Innenseite gemacht.

Das führt dazu, dass man folgende Vorlage annimmt:

> ,,Versteht ihr nicht, dass der, der das Innere gemacht hat, der ist, der auch das Äussere gemacht hat; dass der, der das Äussere gemacht hat, der ist, der auch das Innere gemacht hat?''

Also Parallelismus membrorum mit der Pointe im letzten Gliede! Das legt auch das *Liber Graduum* nahe, wo es heisst:

> ,,Si autem facere et doceri et magni appellari velimus,
> *interius* ut *exterius* abluamus et extergamus
> *et exterius* ut *interius* et corpora et animae nostrae simul polita
> fiant ieiunio, oratione, humilitate[1]

Das Logion würde also zeigen, wie ein ausserkanonisches, juden-christliches Logion unter dem Einfluss der griechischen Philisophie umgewandelt wurde. Ursprünglich bezog sich das Logion auf die

---

[1] Kmosko, *Liber Graduum*, 10,3 S. 254.

rituelle Reinheit. Irgend jemand hat daraus eine Mahnung zur Verinnerlichung gemacht.

Wir haben aber gesehen, dass für das *Ägypterevangelium* diese Vermischung hellenistischer Gedanken und freier Evangelientradition bezeichnend ist. Deshalb wird Logion 22 in seinem Kern auf das *Ägypterevangelium* zurückgehen.

Dasselbe muss nun von Logion 37 gesagt werden, das die griechische Vorlage von *Pap. Ox.* 655 genau wiedergibt.[1]

Die Jünger fragen Jesus, wann er sich ihnen offenbaren werde. Darauf antwortet dieser:

Ägypterevangelium	*Thomas* 37
	,,Wenn ihr euch entkleidet (und) euch
Ὅταν τὸ τῆς αἰσχύνης	nicht geschämt habt und eure Kleider
ἔνδυμα πατήσητε	nehmt, sie unter eure Füsse legt wie die
	kleinen Kinder (und) sie zertretet,''....

Hier ist das *Ägypterevangelium* gewiss ursprünglicher. Es bezieht sich, wie Philo, auf den δερμάτινος χιτών, den es als Körper und Leichnam auffasst. Der Mensch soll sich ganz auf die Seele zurückziehen.

Daraus hat Thomas gemacht: ,,Wenn der Mensch wieder nackt ist wie im Paradies, ohne sich zu schämen, dann wird der Christus ihm erscheinen''. Das ist eine sinngemässe Umwandlung, aber doch etwas anderes! Dann muss aber auch Logion 21 dem *Ägypterevangelium* entstammen, weil auch dort die Jünger sich ,,entkleiden'' (ⲥⲉⲕⲁⲕ ⲁϧⲏⲩ), d.h. ihre weltliche Existenz ganz aufgeben:

> ,,Mariham sagte zu Jesus: Wem gleichen deine Jünger? Er sagte: Sie gleichen kleinen Kindern, die sich auf einem Feld niedergelassen haben, das nicht ihnen gehört. Wenn die Herren des Feldes kommen, werden sie sagen: Übergebt uns unser Feld! Sie sind nackt vor ihnen, damit sie es (= das Feld) ihnen übergeben und sie ihnen ihr Feld geben''.

Ausserdem könnte man auch Logion 61b als dem *Ägypterevangelium* entnommen betrachten, weil dort Salome als Gesprächspartnerin auftritt, wie das im *Ägypterevangelium* auch der Fall ist:

---

[1] ,,Und'' (ⲁⲩⲱ) wird im Koptischen sehr oft weggelassen; ⲙⲡⲉⲧⲛϣⲓⲡⲉ ist negatives Perfektum II, das den Konditionalsatz fortsetzt und den Konjunktivus Aoristi αἰσχύνθητε buchstäblich übersetzt.

,,Salome sagte: Wer bist du, Mensch, als wessen (Sohn)? Du
stiegst auf mein (Speise)-Lager und assest von meinem Tisch.
Jesus sagte zu ihr: Ich bin der, der aus dem Gleichen ist. Man
hat mir von den (Dingen) meines Vaters gegeben. ‹Salome
sagte:› Ich bin deine Jüngerin. ‹Jesus sagte zu ihr:› Deshalb
sage ich: Wenn er gleich ist, wird er sich (mit) Licht füllen.
Wenn er aber getrennt ist, wird er sich mit Finsternis füllen.

Henri-Charles Puech hat die Logien 22, 37, 61, 106 (,,Wenn ihr
die zwei (zu) eins macht''), 114 (,,damit ich sie (Maria) männlich
mache''), mit mehr oder weniger Sicherheit dem *Ägypterevangelium*
zugewiesen.[1] Weil bisher noch kein Forscher ihn wiederlegt hat,
muss als festes Ergebnis angenommen werden, dass das *Ägypterevangelium* eine der Quellen des *Thomasevangeliums* war.

Hier stellt sich nun die Frage, ob das keine Konzequenzen hat.
Muss man nicht annehmen, dass auch andere Logien dem *Ägypterevangelium* entstammen? Ist es nicht so, wie bei der judenchristlichen
Quelle, dass viel mehr Logien derselben Quelle angehören, als wir
mit den dürftigen Fragmenten der apokryphen Evangelien beweisen
können?

Es schien eine Zeit lang, als ob die Logien synoptischen Gepräges
nicht dem judenchristlichen Evangelium, sondern den kanonischen
Evangelien entnommen waren. Das war aber ein Holzweg! Heute
steht es fest, dass ,,Thomas'' die kanonischen Evangelien nicht benutzt hat. Wir müssen wohl annehmen, dass alle Logien des synoptischen Typus *einer* Quelle entnommen sind.

Ist es dann nicht wahrscheinlich, dass alle enkratitischen Logien
dem *Ägypterevangelium* entstammen? Jedenfalls lässt sich beweisen,
dass noch viel mehr Logien des *Thomasevangeliums* mit dem *Ägypterevangelium* in Verbindung stehen! Das beweisen die zahlreichen
Dubletten des *Thomasevangeliums*.

Dubletten, d.h. zwei aus verschiedenen Traditionen stammende
Versionen desselben Jesuswortes, sind die sichersten Beweise, dass
ein Autor verschiedene Quellen benutzt hat.

Wenn sich bei Matthäus und Lukas eine von der Markusversion
und ihrer Parallele in beiden Evangelien abweichende Form eines
Jesuswortes findet, schliessen wir auf die Logienquelle Q. Keiner hat
je Q gesehen. Dennoch hat es sie gegeben.

---

[1] Neutestamentliche Apokryphen, 3. Ausgabe, Tübingen 1959, S. 215.

Was für Matthäus und Lukas recht ist, muss für „Thomas" billig sein, vor allem, weil von seinen Quellen, dem judenchristlichen und dem enkratitischen Evangelium, soviel mehr bekannt ist als von Q.

Ohne Quellenscheidung ist das *Thomasevangelium* nicht verständlich. Eine Untersuchung, welche hier die Quellenforschung vernachlässigt oder ironisiert, darf nicht als wissenschaftlich gelten, so wenig wie das in Pentateuchstudien oder bei Arbeiten über die synoptische Frage der Fall sein kann.

Hinzu kommt, dass die Dubletten hier so zahlreich sind, dass das geübte Auge sie ohne weiteres erkennen kann.

Es sind meiner Meinung nach:

Judenchristlich:	*Enkratitisch:*
1) 48	106
2) 55	101
3) 113	51
4) 38	92
5) 103	21b
6) 68	69
7) 75	74
8) 39	102

1) Logion 48 weicht sehr ab von der uns vertrauten Fassung des Jesuswortes in Markus 11, 23 (= Mt. 21, 21) und der Dublette in Q (= Mt. 17, 20 – Lukas 17, 6).

Und doch muss das Logion einer bestehenden Tradition entnommen sein; es verdankt seine abweichende Form nicht der redaktionellen Arbeit von „Thomas".

> *Logion* 48   *Didaskalie* 15[1]:

---

[1] H. Achelis-J. Flemming, *Die Syrische Didaskalia*, Leipzig 1904, S. 78, 17. E. Hauler, *Didascaliae Apostolorum Fragmenta veronensia latina*, Leipzig 1900, C. 31, S. 45, 33.

Der lateinische Text leitet dieses Logion ein mit den Worten: *quoniam scriptum est in evangelio* (Syr.: so steht im Evangelium geschrieben); weil keine syrische Version der kanonischen Evangelien diese Fassung des Logions enthält und der Autor der *Didaskalie* sich unmöglich auf das *Thomasevangelium* beziehen kann, muss man schliessen, dass er das *judenchristliche* Evangelium meint, das im syrischen Raum bekannt war. Also beruht das *Thomasevangelium* an dieser Stelle sicher auf einem geschriebenen, juden-

Jesus sagte: Wenn zwei mitein-ander Frieden machen in diesem selben Haus, werden sie zum Berg sagen: Hebe dich hinweg! und er wird sich hinweg heben.	quoniam scriptum est in evan-gelio: duo si convenerint in unum et dixerint monti huic, tolle et mitte te in mari, fiet.

Nicht der Glaube, sondern die Kraft der Versöhnung mit dem Nächsten versetzt Berge.

Wir sehen hier wieder, wie sehr die judenchristliche Evangelien-tradition sowohl von Q wie von den kanonischen Evangelien abwich und in Syrien auch ausserhalb des *Thomasevangeliums* in katholischen Kreisen bewahrt wurde. Denn die *Didaskalie* ist katholisch.

Auf dieser Fassung und nicht auf Q oder den kanonischen Evan-gelien beruht nun Logion 106.

> „Jesus sagte: Wenn ihr die zwei (zu) eins macht, werdet ihr Söhne des Menschen werden; und wenn ihr sagt: Berg, hebe dich hinweg! wird er sich hinweg heben".

Der Ausdruck „Wenn ihr die zwei (zu) eins macht" scheint darauf hinzuweisen, dass dieses Wort aus dem *Ägypterevangelium* stammt. Der Sinn hat sich sehr geändert. Nicht die Versöhnung der Menschen, sondern die Einheitlichkeit des Menschen versetzt Berge.

Daraus schliessen wir, dass die enkratitische Quelle des *Thomas-evangeliums*, deren Existenz die Dubletten beweisen, mit dem *Ägypterevangelium* identisch ist. Und diese Quelle benutzt und ver-arbeitet judenchristliche Tradition. Das zeigt, dass in Ägypten die judenchristliche Tradition schon bekannt war, als das *Ägypter-evangelium* geschrieben wurde. Also muss das Judenchristentum schon sehr früh von Palästina aus in Ägypten aktiv gewesen sein.

2) Das wird nun bestätigt durch Logion 55:

> „Jesus sagte: Wer seinen Vater nicht hasst und seine Mutter, wird mir nicht Jünger sein können. Und (wer) seine Brüder und seine Schwestern (nicht) hasst (und nicht) sein Kreuz (auf sich) nimmt wie ich, wird meiner nicht würdig sein".

Dieses Wort unterscheidet sich dadurch von Matthäus 10, 37 –

---

christlichen, in Syrien bekannten Evangelium. Dass der Autor der *Didaskalie* höchstwahrscheinlich das Hebräerevangelium benutzt hat, zeigt Achelis, *o.c.*, S. 329.

Lukas 14, 26, dass Sohn und Tochter, bzw. Weib, Kinder und die eigene Seele hier nicht erwähnt werden.

Das ist natürlich nicht dem Autor des *Thomasevangeliums* zu verdanken; der fand es ganz in der Ordnung, wenn ein Mann seine Familie verliess. Also stammt das Wort aus der judenchristlichen Quelle und hat eine ursprünglichere Fassung des Jesuswortes bewahrt.

Ebenfalls beruht Logion 101 auf dieser judenchristlichen Fassung, nicht auf Matthäus 10, 37 oder Lukas 14, 26:

> ,,Jesus sagte: Wer seinen Vater nicht hasst und seine Mutter wie ich, wird mir nicht (Jünger) sein können; und wer (seinen Vater nicht) liebt und seine Mutter wie ich, wird mir nicht (Jünger) sein können. Denn meine Mutter.... [meine] wahre [Mutter] aber hat mir das Leben gegeben''.

In der Lücke muss etwa folgendes gestanden haben: ,,[Denn meine leibliche Mutter gab mir den Tod],....''

Das muss man schliessen aus *Excerpta ex Theodoto*, 80, 1[1]:

> ,,Wen die Mutter gebärt, der wird in den Tod und in die Welt geführt, aber wen Christus wiedergebärt, der wird übergesetzt in das Leben''.

Es ist durchaus möglich, dass die *Excerpta ex Theodoto*, welche auch sonst das *Ägypterevangelium* zitieren, sich hier auf Logion 101 beziehen, welches dann dem *Ägypterevangelium* entstammen würde. Jenes behauptete, wie früher gesagt, dass der Tod so lange Macht haben würde, als die Weiber gebären; dass also die Geburt zum Tode führt. Das ist ein Gedanke der alexandrinischen Enkratiten, welche sagen, dass man keine Kinder erzeugen darf, weil diese wieder sterben müssen und Futter für den Tod sind (ἐπιχορηγεῖν τῷ θανάτῳ τροφήν).[2]

Logion 101 ist also ganz alexandrinisch und enkratitisch und könnte dem *Ägypterevangelium* entnommen sein. Es sagt, dass man seine Mutter hassen muss, weil sie uns das Leben und damit den Tod geschenkt hat, und dass man seine wahre Mutter, den Heiligen Geist, lieben muss, weil sie uns wiedergebärt und damit das ewige Leben schenkt.

---

[1] Sagnard, *o.c.*, S. 202.
[2] Clemens Alexandrinus, *Strom.*, III, 45, Stählin II, S. 217.

Nachdem wir also bewiesen haben, dass die enkratitische Quelle mit dem *Ägypterevangelium* identisch ist, dürfen wir vermuten, dass auch die Logien 51, 92, 21b, 69, 75, 102 denselben Ursprung haben. Denn die Dubletten beweisen, dass dem Autor des *Thomasevangeliums* zwei schriftliche Quellen vorlagen.[1] Es wäre an sich natürlich nicht unmöglich, dass diese enkratitischen Logien nicht dem *Ägypterevangelium* entstammen, sondern einer Logiensammlung, welche dem *Ägypterevangelium* zugrunde liegt. Aber das *Ägypterevangelium* ist die persönliche Arbeit eines ganz originalen Kopfes. Muss man diese Originalität schon für seine Quelle voraussetzen? Und ist es denkbar, dass auch diese Quelle, wie das *Ägypterevangelium*, aramäische ausserkanonische Tradition mit hellenistischen Ideeen verband? Das erscheint unmöglich.

Das einfachste ist vorauszusetzen, dass die enkratitischen Hälften der Dubletten alle dem *Ägypterevangelium* entnommen sind. Die Tatsache, dass die enkratitischen Hälften der Dubletten dieselbe Verbindung ausserkanonischer Tradition mit hellenistischer Philosophie zeigen, wie sie die erhaltenen Fragmente des *Ägypterevangeliums* zeigen, ist ein starkes Indiz, dass sie dem *Ägypterevangelium* entstammen. Ist es doch schwer denkbar, dass zwei verschiedene Autoren unabhängig voneinander dieselben zwei Quellen benutzen.

Diese *Zweiquellentheorie* vermag nun auch die Widersprüche zu erklären, welche im *Thomasevangelium* zu finden sind.

Einerseits heisst es: ,,Wenn ihr fastet, werdet ihr euch eine Sünde schaffen'' (L. 14), andererseits aber wird gesagt: ,,Wenn ihr nicht die Welt fastet (νηστεύειν)'' (L. 27) oder: ,,dann sollen sie fasten und beten'' (L. 104).

Das kommt daher, weil die Judenchristen am Gesetz festhielten und deshalb auch fasteten, während der Enkratismus seit dem *Ägypterevangelium* (,,iss jede Pflanze'') sich gegen die Verbindlichkeit der jüdischen Speisegesetze für die Christen wendete.

Einerseits wird die Armut gepriesen, andererseits verachtet. Logion 54 ist typisch judenchristlich: ,,Jesus sagte: Selig sind die Armen, denn euer ist das Reich der Himmel''.

Das kann nie von Matthäus (5, 3: Arme an Geist) oder Lukas (6, 20: Reich *Gottes*) abhängig sein.

Allerdings liest auch das *Hebräerevangelium* (Fr. 11): *regnum*

---

[1] H. W. H. Montefiore, *A Comparison of the Parables of the Gospel according to Thomas and of the synoptic Gospels*, N.T.S., 7, 3, 1961, S. 221.

caelorum, wo Matthäus 19, 24 *Reich Gottes* hat. So wird dieses Logion wohl dem *Hebräerevangelium* entstammen. Die Form des Logions verrät seine Herkunft aus ebionitischen Kreisen. Die Armen werden mit den Jüngern Jesu (,,euer'') identifiziert. Auch die *Pseudo-Klementinen* kennen diese (die richtige) Auffassung. Nach ihnen bezieht sich das Jesuswort: ,,Selig sind die Armen'' nicht auf alle Armen, sondern auf die Jünger Christi, die freiwillig arm geworden sind: ,,Unser Meister hat die frommen Armen selig gepriesen'' (*Hom.*, 15, 10).

Dagegen heisst es Logion 2:

> ,,Wenn ihr euch aber nicht erkennt, so seid ihr in Armut und ihr seid die Armut''.

Oder Logion 29:

> ,,Aber ich wundere mich darüber, wie sich dieser grosse Reichtum (der Geist) in dieser Armut (dem Fleisch) niedergelassen hat''.

Da sind Reichtum und Armut vergeistigt und auf Geist und Fleisch, Himmel und Erde bezogen. Die Judenchristen aber haben sie ganz buchstäblich aufgefasst.

Aus diesen zwei verschiedenen Quellen erklärt sich nun auch der Gegensatz zwischen Logion 12, über Jakobus, und Logion 13, über Thomas. Logion 12 befiehlt den Jüngern, wo immer in der Welt sie sich befinden mögen, stets zurückzukehren ,,zu Jakobus, dem Gerechten, dessentwegen der Himmel und die Erde entstanden sind''. Jakobus wird hier als Primus der ganzen Christenheit, als Stellvertreter des Messias und *Zaddiq*, in Jerusalem wohnend, gedacht. Der Ausdruck ist typisch jüdisch: im Talmud wird gesagt, dass die Welt und ihre Fülle wegen Moses erschaffen wurde.[1]

Nun hat Jakobus schon eine führende Rolle in der Gemeinde von Jerusalem gehabt. Aber diese Phantasie über das Papsttum des Jakobus kann doch erst in der nachapostolischen Zeit in der palästinensischen Gemeinde aufgekommen sein. Nur die judenchristlichen pseudo-klementinischen *Recognitiones* wissen, wie unser Logion, zu berichten (I, 43), dass der Herr selbst Jakobus als ,,Bischof'' angewiesen hat. Im *Hebräerevangelium* (Fr. 18) wird berichtet, dass Jesus nach seiner Auferstehung *zuerst* Jakobus erschienen ist: ,,do-

---

[1] Bereshith Rabba, I, 4.

minus autem... ivit ad Jakobum et apparuit ei". Das *Hebräerevangelium* unterstrich also den Primat des Jakobus. Hieronymus sagt nachdrücklich – und das hat man übersehen –, dass Jakobus im *Hebräerevangelium* öfter erwähnt wurde.[1] Das Logion wird also dem *Hebräerevangelium* entnommen sein.

Im Logion 13 lernen wir nun die rivalisierenden Primatsansprüche der Enkratiten kennen. Ausgehend von der historischen Tatsache, dass der Herrenbruder Jakobus in der judenchristlichen Gemeinde führend war, haben sie sich ihren eigenen Primat erfunden im Herrenbruder Judas, in Syrien auch Judas Thomas genannt.

> „Jesus sagte zu seinen Jüngern: Vergleicht mich (und) sagt mir, wem ich gleiche. Es sagte zu ihm Simon Petrus: Du gleichst einem gerechten Engel. Es sagte zu ihm Matthäus: Du gleichst einem weisen, klugen Menschen. Thomas sagte zu ihm: Meister, mein Mund wird es ganz und gar nicht über sich bringen, dass ich sage, wem du gleichst. Jesus sagte: Ich bin nicht dein Meister, da du getrunken hast (und) trunken geworden bist von der sprudelnden Quelle, die ich ausgemessen habe. Und er nahm ihn, zog sich zurück (und) sagte ihm drei Worte. Als Thomas aber zu seinen Gefährten kam, fragten sie ihn: Was hat dir Jesus gesagt? Es sagte zu ihnen Thomas: Wenn ich euch eines der Worte sage, die er mir gesagt hat, werdet ihr Steine nehmen (und) nach mir werfen, und Feuer wird aus den Steinen kommen (und) euch verbrennen".

Thomas wird gegen Matthäus und Petrus abgegrenzt, welche bei antiochenischen und westsyrischen Judenchristen sehr angesehen waren. Thomas, Judas Thomas, wird über Petrus gestellt. Judas (Thomas) stand aber schon bei den westlichen Enkratiten in hohem Ansehen. In einem neugefundenen Fragment der *Acta Pauli* geht der Apostel Paulus in Damaskus zu Judas, dem gesegneten Bruder des Herrn, welcher ihn einführt in die christliche Religion.[2] Das Logion 13 stand also schon in der enkratitischen Quelle und ist wohl dem *Ägypterevangelium* entnommen.

Es sind also enkratitische Christen gewesen, welche den Kult des Judas Thomas nach Edessa gebracht haben, wie es auch enkratitische Schriften aus Edessa sind, nämlich das *Thomasevangelium* und die

---

[1] *De Viris Illustribus* c. 2, Herding S. 8, 29: et apostolorum super hoc (Jacobo) *crebrius* acta testantur, *et* evangelium quoque quod appellatur secundum Hebraeos.

[2] Neutest. Apokr., 3, II, S. 269.

Thomasakten, mit welchen der Name dieses Herrenbruders verbunden ist. Und es zeugt für den gewaltigen Einfluss des Enkratismus auf das syrische Christentum, dass man später im katholischen Edessa das Grab des Thomas zeigte und dass Edessa die Stadt des Apostels Thomas geworden ist.

Von den übrigen Logien ist es nicht möglich zu beweisen, dass sie dem *Ägypterevangelium* entnommen sind. Das ist auch nicht unsere Aufgabe. Wir versuchen nur darzustellen, dass die Logien, welche nicht judenchristlich sind, enkratitischer Herkunft sind und dem *Ägypterevangelium* entnommen sein können.

Das ist besonders deutlich für Logion 105:

> ,,Jesus sagte: Wer den Vater und die Mutter kennt, wird 'der Hurensohn' genannt werden''.

Man versteht dies Logion nicht, wenn man nicht weiss, dass die Enkratiten die Ehe als πορνεία und φθορά betrachteten;[1] d.h. der Mensch wird in Hurerei erzeugt, und seine Geburt führt zum Tode. So muss man dann sich selbst als Sohn einer Hure betrachten und mit der ganzen Welt von Geburt und Tod brechen. Wer noch seine Bindung an seine Eltern anerkennt, sie nicht hasst und verlässt, ist noch der Sphäre der Hurerei verhaftet und kein einheitlicher Mensch.

Aber auch viele andere Logien stimmen mit den Grundlagen des *Ägypterevangeliums* überein und sind also nicht gnostisch. Bezeichnend ist z.B. der Modalismus dieser Logien, welcher vom Gnostizismus wohl zu unterscheiden ist und sich auch in den apokryphen Apostelakten findet:

> ,,Jesus sagte: Wenn ihr den seht, der nicht geboren worden ist vom Weibe, werft euch auf euer Antlitz (und) verehrt ihn. Jener ist euer Vater'' (Logion 15).

Der, welcher nicht von einer Frau geboren ist, sondern von einer Magd, ist Gott selber und wird vom Vater nicht unterschieden. Log. 13: ,,Und er nahm ihn, zog sich zurück (und) sagte ihm drei Worte''. Diese Worte sind möglicherweise: ,,Ich bin der Vater, ich bin der Sohn, ich bin der Heilige Geist''.

---

[1] Irenaeus, *Adv. Haer.*, I, 28, 1: τὸν γάμον τε φθορὰν καὶ πορνείαν...... ἀναγορεύσας.

Clemens Alexandrinus, *Strom.*, III, 49, 1, Stählin II, S. 218: Εἰσίν θ' οἱ ποονείαν ἄντικρυς τὸν γάμον λέγουσι...

Auch hier wieder der Panchristismus oder Christomonismus, welcher auch für die apokryphen Apostelgeschichten so bezeichnend ist!

„Es sagte Jesus: Ich bin das Licht, das über ihnen allen ist. Ich bin das All. Es ist das All aus mir hervorgegangen und das All ist zu mir gelangt. Spaltet ein (Stück) Holz, ich bin da. Hebt den Stein auf, und ihr werdet mich da finden" (Log. 77a).

Schon der Siracide sagt (43, 27): Τὸ πᾶν ἐστιν αὐτός.

Dieses Logion setzt übrigens das Johannesevangelium voraus, wie das auch mit anderen Logien der enkratitischen Quelle der Fall ist. Brown weist mit Recht auf *Joh.* 8, 12: ἐγώ εἰμι τὸ φῶς τοῦ κόσμου und *Joh.* 3, 31: ὁ ἄνωθεν ἐρχόμενος ἐπάνω πάντων ἐστίν.

Er meint, dass das Johannesevangelium schon der enkratitischen Quelle, also dem *Ägypterevangelium*, bekannt war.[1]

Und das ist sehr gut möglich, wenn man bedenkt, wie früh das vierte Evangelium schon in Ägypten bekannt war. Die beste Parallele findet sich aber in den enkratitischen, innerkirchlichen *Petrusakten*, c. 39, wo zu Christus gesagt wird: σύ μοι πατήρ.... σὺ τὸ πᾶν καὶ τὸ πᾶν ἐν σοί.[2]

Schon Vouaux hat bemerkt, dass das mit Gnostizismus nichts zu tun hat, sondern gut christlich ist; soweit man wenigstens Christomonismus christlich nennen kann!

Dieser Panchristismus und Modalismus ist nicht gnostisch, sondern bezeichnend für den Enkratismus. Noch Makarius nennt Christus sehr oft seinen Vater (16, 6: αὐτὸς μοῦ ἐστι πατήρ).[3]

Das Thema von δερμάτινος χιτών führt notwendig, wie bei Philo, zur Auffassung des Körpers als eines Leichnams. Das findet sich sehr oft im *Thomasevangelium*. „Wer die Welt erkannt hat, hat einen Leichnam (πτῶμα) gefunden" (L. 56).[4]

Man muss sogar dieses Tote essen (L. 11); oder, anders gesagt, man muss den Löwen, die Leidenschaft des Fleisches, fressen (L. 7). Man muss sich hüten, dass man nicht wie ein Lamm geschlachtet und ein Leichnam (πτῶμα) wird (L. 60).

All diese Logien atmen denselben Geist wie das *Ägypterevangelium*.

---

[1] R. E. Brown, *The Gospel of Thomas and St John's Gospel*, New Testament Studies 9, 1963, S. 170.

[2] L. Vouaux, *Les Actes de Pierre*, Paris 1922, S. 454-456.

[3] Vergl. H. Dörries, *Die 50 geistlichen Homilien des Makarios*, S. 83 Anm.

[4] Logion 80 und Logion 110 scheinen mir Variationen des Autors zu diesem Thema. Es sind keine eigentlichen Dubletten.

Nicht anders steht es mit der Paradiesesideologie! Einmal war Adam *eins* im Paradiese; durch den Fall sind Adam und Eva zwei geworden (L. 11). Wenn er aber das Kleid des Leibes wieder auszieht, schämt er sich nicht mehr und kehrt zum Paradiese zurück (L. 37).

Damit hängt nun auch zusammen, dass die Seele präexistent ist. Das wird im *Ägypterevangelium* vorausgesetzt und sehr oft im *Thomasevangelium* gelehrt.

Darum soll der Mensch zu seiner ursprünglichen Einheit zurückkehren (L. 22, L. 106).

So muss auch Logion 61 verstanden werden, wo Jesus auf eine Frage der Salome in Bezug auf seine Jünger sagt:

> ,,Wenn er (sich) gleich ist, wird er sich mit Licht füllen. Wenn er aber zerrissen ist, wird er sich mit Finsternis füllen''.

Das ist nun das grosse enkratitische Thema, dass der Mensch, die Seele, an sich Finsternis ist, aber erleuchtet werden kann. So ist es bei Tatian und Makarius, aber offenbar war es auch schon im *Ägypterevangelium* der Fall. Darum ist Logion 24 auch zu übersetzen:

> ,,(Wenn) Licht ist in einem Lichtmenschen, leuchtet er der ganzen Welt. Wenn er nicht leuchtet, ist *er* Finsternis''.

Durch diese Thematik des finsteren Menschen rückt der Enkratismus weit ab von der gnostischen Anthropologie, welche auf der Identität des Menschen mit Gott beruht.

So können wir nicht beweisen, dass solche Logien dem *Ägypterevangelium* entstammen oder nicht entstammen; aber sie stimmen mit den übrigen enkratitischen Logien überein, wie überhaupt mit der enkratitischen Literatur, und deshalb müssen sie als enkratitisch bezeichnet werden. Das gilt nun besonders für das Thema der Selbsterkenntnis.

Die Selbsterkenntnis, und somit das Selbst, ist eine Entdeckung der Griechen. In der Bibel findet sich weder das eine noch das andere. Aber im zweiten Jahrhundert war es the topic of the day in der griechischen Philosophie.

Mark Aurel, der Philosoph auf dem Thron, schrieb seine ,,Wege zu sich selbst'', und die Fragen: ,,Was bin ich, woher komme ich, wohin gehe ich?'' wurden in den Philosophenschulen ausführlich diskutiert.[1] Die Skeptiker interpretierten das delphische ,,Erkenne

---

[1] Siehe oben S. 69.

dich selbst" in dem Sinne, dass der Mensch sich seiner Beschränkt-
heit bewusst werden und seine Grenzen nicht durch phantastische
Spekulationen überschreiten soll. So der Skeptiker Caecilius im
Dialog *Octavius* des Minucius Felix, welcher wohl im zweiten Jahrhundert geschrieben wurde.[1]

Der Stoiker verstand daraus sich selbst als Teil des Ganzen und
verwies auf das All, um sich selbst als Teil davon zu erkennen.[2]

Die Platoniker dagegen lernten aus diesem Wort, die Verwandtschaft der abgeschiedenen Vernunft mit der überweltlichen ewigen
Idee zu verstehen. Bei allen Griechen ist das Selbst mit der Vernunft
identisch.

Das Thema der Selbsterkenntnis haben die Christen von den Griechen
übernommen. Weil aber ihr Menschenbild ein anderes war als das
griechische, hat das Selbst bei ihnen eine andere Bedeutung. Den
Griechen am nächsten stehen die Kirchenväter, Origenes, die Kappa-
dozier, Augustin, welche die Erkenntnis des Selbst als eine not-
wendige Vorstufe der Gotteserkenntnis betrachteten und die Selbsterkenntnis auf die Gottesebenbildlichkeit der vernünftigen Seele bezogen. Die Gnostiker, die ja Mythologen waren, entdeckten das
unbewusste Selbst, das sozusagen unter der Schwelle der Vernunft
als Geist im Menschen schlummert. Die Enkratiten hatten eine mehr
ethische Auffassung. Für sie war das Selbst der reine, undifferen-
zierte Mensch, Adam im Paradiese.

Die Enkratiten kennen durchaus das Thema der Selbsterkenntnis.
So Tatian, *Oratio ad Graecos* 12, 2[3]: ζῆθι τῷ θεῷ, διὰ τῆς ἑαυτοῦ
καταλήψεως τὴν παλαιὰν γένεσιν παραιτούμενος (,,Lebe für Gott, durch
Erkenntnis deiner selbst die alte Welt des Werdens aufgebend").

Der Mensch soll eben erkennen, dass er dieser Welt, welche beherrscht wird durch die Konstellation der Sterne und durch Geburt
und Tod, eigentlich nicht angehört, sondern im Paradiese zu Hause
ist. Auch die enkratitischen ,,*Sprüche des Sextus*", welche soviele
griechische Worte der Philosophen übernommen haben, sagen (398):
πρὸς ὃ γέγονας εἰδὼς γνώσῃ σεαυτόν.[4] ,,Du wirst dich selbst erkennen,
wenn du weisst, wozu du geworden bist".

Chadwick zitiert in seinem Kommentar ein verwandtes Wort aus

---

[1] *Octavius*, V, 5, Quispel S. 8.
[2] R. Bultmann, *Das Urchristentum*, Zürich 1949, S. 25.
[3] Goodspeed, *o.c.*, S. 278. Die Handschriften M P V lesen ἑαυτοῦ. Die
Herausgeber, ganz unnötig: αὐτοῦ.
[4] Chadwick, *o.c.*, S. 48.

einer Sammlung pythagoräischer Maximen, welche von Sextus als Quelle benutzt wird: ἐφ'ὅσον σεαυτὸν ἀγνοεῖς νόμιζε μαίνεσθαι.

Das heisst also, dass Sextus das Thema der Selbsterkenntnis einer heidnischen, philosophischen Quelle entnommen hat.

Dasselbe muss man nun annehmen für den Autor der enkratitischen Quelle des *Thomasevangeliums*. Denn bei dem Neuplatoniker Porphyrius, der sowohl in *De Abstinentia* wie in *Ad Marcellam* sehr viel alte philosophische Sprüche bewahrt hat[1], findet sich eine Stelle über die Selbsterkenntnis, welche Logion 67 sehr ähnlich ist:

λῆρος οὖν πάντα, ἕως τις τῆς ἀρχῆς ἀπέσφαλται, καὶ ἐνδεὴς πάντων, ἕως οὗ πρὸς τὸν πόρον οὐ βλέπει, εἴκει τε τῷ θνητῷ τῆς φύσεως αὐτοῦ, ἕως τὸν ὄντως ἑαυτὸν οὐκ ἐγνώρισεν.

De Abstinentia III, 27.[2]

Damit vergleiche man Logion 67:

„Wer alles erkennt und nicht sich selbst, dem fehlt alles".

Auch wenn man nicht zugibt, dass Porphyrius hier alte hellenistische Spruchweisheit wiedergibt, wird man nicht umhin können, anzuerkennen, dass das Logion unmittelbare Berührungen mit der philosophischen Tradition der Griechen hat.

Der Enkratismus hat sich also direkt von der hellenistischen Tradition beeinflussen lassen und steht in dieser Hinsicht nicht unter gnostischem Einfluss. Wir wissen, dass das alexandrinische Judentum und Christentum stark hellenistisch geprägt waren. Also ist es wahrscheinlicher, dass dieses Logion in Alexandrien entstanden ist als in Edessa.

Das gilt auch für Logion 3 („Wenn ihr euch erkennt, dann werdet ihr erkannt werden") und für Logion 111 („Wer sich selbst findet, dessen ist die Welt nicht würdig").

Der hellenistische Einfluss auf die enkratitischen Logien ist gross und darf nicht geleugnet werden. Das Logion 102 lautet:

„Jesus sagte: Wehe ihnen, den Pharisäern, denn sie gleichen einem Hunde, der auf der Futterkrippe von Rindern liegt; denn weder frisst er, noch lässt er die Rinder fressen".

---

[1] Cf. Chadwick, *o.c.*, S. 143 sqq.

[2] A. Nauck, *Porphyrii Opuscula Tria*, Leipzig 1860, S. 155; cf. H.-Ch. Puech, Annuaire du Collège de France, 62, 1961-'62, S. 201.

Das ist eine Dublette des sicher judenchristlichen Logion 39, das beinahe wortwörtlich in den *Pseudo-Klementinen* wiederkehrt. Der Autor hat alle palästinensischen Elemente eliminiert (über den Empfang der Schlüssel, nämlich der Gnosis, d.h. der Erkenntnis des mündlichen Gesetzes). Dafür hat er aber ein griechisches Sprichwort aufgegriffen: κυὼν ἐπὶ φατνῇ, ,,dog in the manger'', das sich auch in den Fabeln des Äsop (228) findet.[1]

Logion 19 (,,Selig ist, wer war, bevor er wurde'') setzt Platons *Phaedon* voraus (76e: τὴν ἡμετέραν ψυχὴν εἶναι καὶ πρὶν γεγονέναι).

Das alles lässt sich besser verstehen in Alexandrien als in Edessa. Das gilt nun auch für das letzte und bekannteste Logion, 114:

> Simon Petrus sagte zu ihnen: ,,Mariham möge von uns weggehen, denn die Frauen sind des Lebens nicht würdig. Jesus sagte: Siehe, ich werde sie führen, damit ich sie männlich mache, dass auch sie zu einem lebendigen Geist wird, der euch Männern gleicht. Denn jede Frau, wenn sie sich männlich macht, wird in das Reich der Himmel eingehen''.

Das hat wieder seine Entsprechung bei Porphyrius, welcher seine Frau Marcella, die eine Witwe mit sieben Kindern war, folgendermassen anredet:

> ,,Kümmere dich nicht darum, ob du männlich oder weiblich dem Leibe nach bist, und sieh dich nicht als Frau (μηδὲ γυναῖκα ἴδῃς σαυτήν), weil ich dich auch nicht als solche betrachtet habe. Meide all das Weibliche der Seele (ψυχῆς πᾶν τὸ θηλυνόμενον), als wärest du mit einem Männerleib (ἄρρενος τὸ σῶμα) bekleidet''.[2]

Dieser Gedanke lebte schon vor Porphyr im hellenisierten, alexandrinischen Judentum.

So sagt Philo:

> ,,Fortschritt ist nur möglich durch Aufhebung des weiblichen Geschlechtes (τοῦ θήλεος γένους), indem man es ins Männliche verwandelt. Denn das weibliche Geschlecht ist materiell, passiv, körperlich, sinnlich, während das männliche aktiv, vernünftig, geistig und mit Denken und Geist verwandt ist'' (*Quaest. in Exodum* I, 8).

Schon hier sagt Philo, dass das weibliche Geschlecht ins Männliche und Geistige verwandelt werden muss.

---

[1] C. Halm, *Fabulae Aesopicae Collectae*, Leipzig 1911, S. 111.
[2] *Epistula ad Marcellam*, c. 33, Nauck S. 210.

So heisst es auch *Quaest. in Gen.* (II, 49), dass die männlichen Gedanken nicht weiblich werden sollen, sondern dass das weibliche Element, die Sinne, männlich gemacht werden müssen (ἀρρενικαὶ γίγνωνται).

Dann ist wohl auch das Logion 114 in derselben Umgebung und im gleichen intellektuellen Klima entstanden und dem *Ägypterevangelium* entnommen.

Wir können natürlich nicht beweisen, dass alle nichtsynoptischen Logien des *Thomasevangeliums* nur einer Quelle entstammen. Allerdings ist es merkwürdig, dass das *Ägypterevangelium* dieselbe Verbindung von judenchristlicher, aramäischer Evangelientradition mit platonischem Geiste zeigt wie die *Thomaslogien.* Es ist doch nicht zufällig, dass wir sowohl für das *Ägypterevangelium* wie für die Logien zu *Porphyrius* geführt worden sind und für beide aramäische Tradition vermuteten. Porphyrius enthält ja bekanntlich sehr viel alte platonische Tradition.

Jedes der Logien könnte eventuell zum *Ägypterevangelium* gehören. Und beinahe alle kann man mit Hilfe der enkratitischen Texte, von Tatian, Sextus, von Klemens im dritten Buch der *Stromateis*, usw., interpretieren. Das muss man denn auch tun und nicht entlegene gnostische Parallelen heranziehen, welche dem *Thomasevangelium* eine falsche Perspektive geben. Zwar gibt es Übereinstimmungen mit der Gnosis, die Selbsterkenntnis, die präexistente Seele, usw., aber diese lassen sich aus einem gemeinsamen Hintergrund, dem Hellenismus und dem hellenistischen Judentum Alexandriens erklären.

Wenn man von der gnostischen Hypothese absieht, gewinnt man sehr viel:

1) Das *Ägypterevangelium* ist durch neue Fragmente besser bekannt geworden;

2) Man stellt fest, wie eine unabhängige, judenchristliche Tradition in ein hellenistisches Evangelium umgewandelt wird. Das kann man mit der Entstehung des vierten Evangeliums vergleichen;

3) Es wird deutlich, dass das hellenistische Christentum, das nach Edessa gebracht wurde, Beziehungen zu Ägypten gehabt hat;

4) Dann sieht man auch, welche Bedeutung dies für die orientalische Mystik gehabt hat. Wir haben festgestellt, dass noch Makarius das *Thomasevangelium* und – durch dessen Vermittlung! – das alexandrinische Christentum gekannt hat.

Makarius aber stellt nicht nur das Ende einer Entwicklung dar, sondern ist auch Anfang einer neuen.

Er war nämlich der erste syrische Mystiker, den wir kennen.

Makarius hat Isaak von Nineveh[1] und wohl auch andere syrische Mystiker beeinflusst.[2]

Aber es lässt sich mehr sagen:

Der grosse Kenner der östlichen Mystik, A. J. Wensinck, hat die syrisch-christliche und die mohammedanische Mystik als eine Einheit dargestellt.[3] Und dabei hat er auf Alexandrien und Philos Zeit als Ausgangspunkte der mystischen Bewegung hingewiesen, welche während der zehn, elf folgenden Jahrhunderte in Westasien eine so grosse Wirkung gehabt hat.[4]

Wensinck hatte recht!

Nur wissen wir jetzt, dass diese hellenistischen und philonischen Ansichten schon sehr früh vom ägyptischen Christentum rezipiert wurden und schon im zweiten Jahrhundert in Edessa, dem dauernden Zentrum des asiatischen Christentums, bekannt waren.

Nicht erst durch Vermittlung von Euagrius Ponticus und Dionysius dem Areopagiten, sondern schon viel früher hat der Hellenismus durch den Enkratismus auf die syrische Kirche gewirkt.

c. *Der Autor des Thomasevangeliums*

Obwohl das *Hebräerevangelium* und das *Ägypterevangelium* als Quellen benutzt sind, ist das *Thomasevangelium* durchaus eine eigene und selbständige Leistung, die als solche stark gewirkt hat, in Syrien, Ägypten und sonstwo.

Was wissen wir vom Autor?

Er beginnt seine Schrift mit den folgenden Worten:

,,Das sind die geheimen Worte, die der lebendige Jesus sagte und die Didymus Judas Thomas aufschrieb. Und er sagte: ,,....
Griechisch: Οὗτοι οἱ λόγοι οἱ ἀπόκρυφοι οὓς ἐλάλησεν Ἰησοῦς ὁ

---

[1] A. J. Wensinck, *Mystic Treatises by Isaac of Nineveh*, Amsterdam 1923, S. 332, S. 336.

G. L. Marriot, *Isaac of Nineveh and the writings of Macarius of Egypt*, Journal of Theological Studies, XX, 1919, S. 345-347.

[2] W. Strothmann, *Die arabische Makariustradition*, Göttingen 1934.

[3] A. J. Wensinck, *Oosterse Mystiek*, Amsterdam 1930.

id., *Bar Hebraeus's Book of the Dove*, Leiden 1919, S. XIII-CX.

[4] *o.c.*, S. 29.

ζῶν καὶ ἔγραψεν Ἰούδας ὁ καὶ Θῶμας. καὶ εἶπεν.... Ox. Pap. 654.[1]

Das erinnert an *Jer. 37, 4 Sept.*:

Καὶ οὗτοι οἱ λόγοι, οὓς ἐλάλησεν κύριος ἐπὶ Ἰσραὴλ καὶ Ἰούδα. Οὕτως εἶπεν κύριος....

Die Übereinstimmung ist nicht zufällig. Die Worte des Jeremias leiten eine Anzahl von Herrenworten ein. Durch die Anfangsworte seiner Schrift gibt der Autor des *Thomasevangeliums* an, welches anerkannte Vorbild er nachzuahmen wünscht. So war es Brauch bei Griechen und Juden. Unsere Spruchsammlung ist somit als Analogon zu den Herrenworten bei Jeremia gemeint. Der Autor schätzt also das Alte Testament und ehrt es als Heilige Schrift. In den Sprüchen, welche er zusammenstellt, ist das Alte Testament, sei es der hebräische Text, sei es die Septuaginta, vorausgesetzt. Es findet sich in seiner Sammlung kein Wort, das sich gegen die alttestamentliche Offenbarung richtet.[2]

Allerdings wird ein Fortschritt in der Heilsgeschichte anerkannt: wer an dem lebendigen Christus vorbeigeht, soll nicht von toten Propheten reden (L. 52); Adam war den Jüngern nicht ebenbürtig, weil er starb, sie aber ewig leben werden (L. 85).

Das ist jedoch noch keine Abschaffung des Alten Testaments. Seine kirchliche Richtung verrät der Autor durch seine redaktionellen Eingriffe in seine Quellen. Da sieht man, dass er öfter das Wort Monachos seiner Quelle hinzugefügt hat.[3]

Dieses Wort ist im Westen weder bei den Gnostikern noch bei den orthodoxen Christen vor dem vierten Jahrhundert belegt.[4]

Es kann nicht in seiner Quelle gestanden haben.

Wir müssen annehmen, dass es ein terminus technicus war, welcher in seiner Umgebung üblich war.

Das stimmt auch, denn das Wort īḥīdājā, die syrische Übersetzung des hebräischen jaḥid, ,,Unverheirateter'', war noch im vierten Jahrhundert die Bezeichnung für die syrischen Asketen.

---

[1] J. Fitzmyer, *The Oxyrhynchos Logoi...*, Theological Studies, 20, 4, 1959, S. 513.

[2] G. Quispel, *Das Thomasevangelium und das Alte Testament*, Neotestamentica et Patristica, Leiden 1962, S. 243-248.

[3] L. 4; L. 16; L. 23; L. 59; L. 75.

[4] A. Adam, *Grundbegriffe des Mönchtums in sprachlicher Sicht*, Zeitschrift für Kirchengeschichte, III, 1953-1954, S. 209-223.

Μοναχός bei ,,Thomas'' ist die Übersetzung des syrischen īḥīdājā.[1]
Nach dem Autor können *nur* die μοναχοί, nur die Unverheirateten,
in das Gottesreich eingehen (L. 75). Der Autor des *Thomasevangeliums*
war also ein Enkratit. Dass er aber Monachos benutzt in der Bedeutung von īḥīdājā, weist darauf hin, dass er im syrisch sprechenden
Osten lebte, wohl in Edessa.

Es ist nun durchaus zuzugeben, dass er als Enkratit den Sinn
seiner judenchristlichen Quelle dann und wann geändert hat.

Das geht aus der Form von Logion 16 hervor:

> ,,Jesus sagte: Die Menschen denken wohl, dass ich gekommen
> sei, um Frieden auf die Welt zu bringen, und sie wissen nicht,
> dass ich gekommen bin, um Zerwürfnisse auf die Erde zu brin-
> gen, Feuer, Schwert, Krieg. Denn es werden fünf sein in einem
> Hause. Drei werden gegen zwei und zwei gegen drei sein, der
> Vater gegen den Sohn und der Sohn gegen den Vater. Und sie
> werden allein dastehen''.

Die zweite Hälfte hat die ursprüngliche semitische Struktur des
Jesuswortes besser bewahrt als Matthäus 10, 34-35 und Lukas 12, 51,
welche auf die gemeinsame Quelle Q zurückgehen.[2]

Das Wort bezieht sich ja auf den Kampf der Generationen. Der
Vater und die Mutter werden gegen den Sohn, die Tochter und die
Schwiegertochter sein, welche sich für Jesus entschieden haben.

Thomas las also in seiner judenchristlichen Quelle:

> ,,(Wenn) fünf in einem Haus sein werden, werden drei gegen
> zwei und zwei gegen drei sein, der Vater gegen den Sohn und
> der Sohn gegen den Vater, die Mutter gegen die Tochter und
> die Tochter gegen die Mutter und die Schwiegertochter gegen
> die Schwiegermutter''.

Thomas hat die Frauen gestrichen und hinzugefügt, dass Vater
und Sohn als Unverheiratete leben werden. Da hat das Wort einen
ganz anderen Sinn bekommen! Die Krisis, welche Jesus bringt, ist
die Botschaft der Enthaltsamkeit, welche Vater und Sohn dazu
zwingt, das gemeinschaftliche Leben und ihre Ehe aufzugeben.

---

[1] G. Quispel, *L'Évangile selon Thomas et les Origines de l'Ascèse Chrétienne*,
Aspects du Judéo-Christianisme, Paris 1965, S. 35-51.
[2] A. Guillaumont, *Sémitismes dans les Logia de Jésus*, Journal Asiatique,
1958, S. 119.

Das ist enkratitisch! Denn auch im *Ägypterevangelium* sagt Jesus, er sei gekommen die Werke des Weiblichen aufzulösen.[1]

Dass der Autor aber eine judenchristliche Quelle benutzte, geht daraus hervor, dass sich in den *Pseudo-Klementinen* all die Elemente finden, welche wohl im Logion, nicht aber in den kanonischen Evangelien stehen.[2]

Ich kann das nur so erklären, dass der Autor in Edessa die judenchristliche Evangelientradition vorfand und sie enkratitisch deutete. Da fragt es sich, ob er in dieser Quelle viel verändert hat. Man darf sagen, dass dies mit der judenchristlichen Quelle nicht der Fall ist. Man findet dieselben von dem kanonischen Text abweichenden Varianten in den judenchristlichen Evangelienfragmenten, im *Diatessaron*, im *Westlichen Text* und in der syrischen Literatur. Wo man diese Parallelen findet, darf man darauf vertrauen, dass die ursprüngliche Lesart der Quelle bewahrt ist.

Man sieht es an Logion 48, das seine Entsprechung in der syrischen *Didaskalie* hat, deren lateinische Übersetzung lautet: *duo si convenerint in unum et dixerint monti huic: tolle et mitte te in mari fiet.*

In diesem Falle wird man sagen müssen, dass ,,Thomas'' die Quelle, die er mit der *Didaskalie* gemein hat, das judenchristliche Evangelium, treu bewahrt hat.

Schwieriger ist es, festzustellen, ob der Autor seine enkratitische Quelle sehr geändert hat. War er doch selber Enkratit, so dass seine Auffassungen von denen des *Ägypterevangeliums* nicht zu unterscheiden sind. Falls er in L. 22 das *Ägypterevangelium* benutzt, muss er tief eingegriffen haben.

Er hat die Frage der Salome entfernt und die Einleitung über die Kinder eingefügt. Dann hat er auch die Stelle über das neue Auge, die neue Hand, den neuen Fuss und die neue εἰκών hinzugefügt, welche nirgendwo in der Überlieferung des vielzitierten Wortes ihre Parallele haben. Auch hat man den Eindruck, dass er gerne kurze Logien amplifiziert. Das Wort: ,,Selig ist, der war, bevor er wurde'' (L. 19) findet sich auch bei Irenäus (*Epideixis* 43) und Lactanz (*Divinae Institutiones* IV, 8). Es bezieht sich, wie wir sahen, auf die Präexistenz der Seele und wird aus der enkratitischen Quelle stammen. Aber nirgends finden wir als Jesuswort die weiteren Ausführungen von Logion 19 über die fünf Bäume im Paradiese.

---

[1] Clemens Alexandrinus, *Strom.* III, 63, Stählin II, S. 225.

[2] Ps. Klem., *Rec.* II, 26: pacem mittere *in terram.*
Hom. XI, 9: πῦρ, κόσμος, πόλεμος.

In den *Acta Pauli et Theclae*[1] findet sich im Munde des Paulus folgende Seligpreisung: μακάριοι οἱ ἐγκρατεῖς, ὅτι αὐτοῖς λαλήσει ὁ θεός.

Ein ähnlicher enkratitischer Spruch kann ,,Thomas'' vorgelegen
haben, wenn er schreibt: ,,Selig sind die μοναχοί und Auserwählten''
(L. 49). Was er hinzufügt über die Rückkehr zu dem Reich, aus dem
sie stammen, wird Zutat des Autors sein.

Eine schwierige Frage ist, ob der Autor noch andere Quellen benutzt hat als das *Ägypterevangelium*.

Dass er als Enkratit, und dazu noch in Edessa, eine gnostische
Quelle herangezogen hat, ist unwahrscheinlich. Andere enkratitische
Evangelien kennen wir nicht. So ist es möglich, dass alle Logien,
welche enkratitisch erklärt werden können und in den enkratitischen
Quellen ihre Parallele haben, dem *Ägypterevangelium* entstammen.
Notwendig ist es allerdings nicht.

Aber man wird sagen können, dass der Autor kein Gnostiker war.
Wer das Alte Testament ehrt, die Inkarnation anerkennt und die
leibliche Auferstehung lehrt, ist kein Gnostiker.

Auch seine Quellen, soweit sie uns bekannt sind, waren nicht gnostisch: das judenchristliche Evengelium ganz und gar nicht; aber auch
das enkratitische *Ägypterevangelium* nicht.

Auf dieser Grundlage können wir feststellen, worin die Originalität
des Verfassers besteht, und den bleibenden Wert seiner Leistung
würdigen: er hat den eingewanderten Enkratismus mit dem einheimischen Judenchristentum in Verbindung gebracht.

Beide Bewegungen hatten viel gemein. Ihre Religion war die
Nachfolge des wandernden Christus, der arm, und, wie die Enkratiten
hinzufügten, unverheiratet gewesen war.[2] Beide Richtungen drangen
auf Entweltlichung, Aufgabe des Besitzes, Abschied von der Welt.
In diesem Sinne waren sie legitime Erben des Urchristentums. Für
beide war das Christentum mehr ein Weg als eine Lehre. Allerdings
hatte der Enkratismus einen Seelenmythus rezipiert, welcher dem
Urchristentum und den Judenchristentum unbekannt war. Das
Thema der Selbsterkenntnis, der Einheit aus der Zerstreuung, der
Präexistenz der Seele ist hellenistischen Ursprungs. Das Geniale des
Autors des *Thomasevangeliums* war, dass er diese hellenistische, vom
Westen her nach Edessa eingewanderte Strömung mit dem längst

---

[1] Lipsius-Bonnet, *Acta Apostolorum Apocrypha*, I, S. 238.
[2] Clemens Alexandrinus, *Strom.*, III, 49, 1, Stählin II, S. 218: μιμεῖσθαι
δ'αὐτούς... φασιν τὸν κύριον μήτε γήμαντα μήτε τι ἐν τῷ κόσμῳ κτησάμενον.

einheimischen Judenchristentum palästinensischer Herkunft verband.

Diese Synthese hat Jahrhunderte lang gedauert, bis auf Makarius und den Messalianismus. Denn der Enkratismus Syriens unterscheidet sich dadurch vom westlichen Enkratismus, dass er diese archaischen palästinensischen Elemente so treu bewahrt hat; die Wanderschaft der īḥīdājā, die Vorstellung vom Heiligen Geist als Mutter. Dies alles ist judenchristliches Erbe!

Tatian ist dem Autor des *Thomasevangeliums* gefolgt.

Als er um 170 nach Christus in den christlichen Osten kam, brachte er die vier im Westen anerkannten Evangelien mit, welche bis zu dieser Zeit im syrischen Bereich wohl völlig unbekannt waren. Denn warum sollten die Christen jüdischer Herkunft die heidenchristlichen Evangelien benutzen?

Als er aber sein *Diatessaron* verfasste, hat er auch, als fünfte Quelle, das einheimische *Hebräer-* (bzw. *Nazoräer-) Evangelium* als Quelle benutzt.[1]

Die Messalianer haben als Erben der Enkratiten sowohl das *Diatessaron* als auch das *Thomasevangelium* benutzt, wie das *Liber Graduum* und Makarius zeigen.

Die Verbindung von Judenchristentum und Enkratismus hat sich in Syrien durchgesetzt.

So steht der Autor des *Thomasevangeliums* an der Quelle des Flusses, der bei Makarius ausmündet. Kein Mensch hat je behauptet, dass Makarius ein Gnostiker ist. Dann aber ist „Thomas" es auch nicht!

d) *Der gnostische Redaktor*

Henri-Charles Puech hat als erster festgestellt, dass es zwei Versionen des *Thomasevangeliums* gegeben hat, die griechische und orthodoxe, welche durch die Papyri Oxyrrhynchi 1, 654 und 655 bezeugt ist, und die gnostische, welche im koptischen *Thomasevangelium* vorliegt.[2]

Die „orthodoxe" Version hängt nach Puech mit dem merkwür-

---

[1] C. Peeters, *Das Diatessaron Tatians*, Rom 1939, S. 200.
[2] *Une Collection de Paroles de Jésus récemment retrouvée: L'Évangile selon Thomas*, Comptes rendus de l'Académie des Inscriptions et Belles Lettres, Séance 24 mai 1957, S. 164.

digen, stark von Enkratismus durchsetzten Christentum zusammen, welches im zweiten Jahrhundert in Syrien und Ägypten bestand.

Der gnostische Redaktor hat in Logion 4 das Wort über die Auferstehung der Toten eliminiert, weil es für ihn anstössig war. Seine Hand lässt sich auch anderswo feststellen. So weit Puech! Es lässt sich noch einiges hinzufügen.

Logion 2, eine Bearbeitung eines Wortes aus dem *Hebräerevangelium*, endet mit den Worten: θαμβήθεις βασιλεύσει καὶ βασιλεύσας ἀναπαήσεται.

An sich ist das Wort vom Judenchristentum her zu verstehen.

Es lässt sich im Sinne einer konkreten Eschatologie interpretieren: am Ende der Zeiten werden die Gläubigen als Könige herrschen und dann die eschatologische ἀνάπαυσις bekommen. Der gnostische Redaktor hat das so geändert: ,,und wenn er erschüttert ist, wird er sich wundern und wird *über das All* herrschen''.

Durch seine Erkenntnis ist der Gnostiker Überwinder der Welt: der Ausdruck ,,Herrschen über das All'' findet sich im gnostischen *Philipperevangelium*, L. 97: Er kam (herauf als Herr) über das All (ϵϥο ⲛ̄ϫⲟⲉⲓⲥ ⲁⲡⲧⲏⲣϥ).[1]

Vielleicht lässt sich die Hand des gnostischen Redaktors auch darin spüren, dass er im Logion 8 ,,das Reich des Vaters'', wie der Autor des *Thomasevangeliums* zu sagen pflegt[2], durch ,,der Mensch'' ersetzt hat: dann würde sich das auf Christus als den gnostischen Anthropos beziehen: ,,Der Mensch gleicht einem weisen Fischer''. Ein definitives Urteil könnte man erst fällen, wenn der vollständige griechische Text des *Thomasevangeliums* entdeckt werden würde! Wird man nun sagen müssen, dass das *Thomasevangelium* gnostisch ist, weil es die Eingriffe eines Gnostikers verrät, weil es zusammen mit gnostischen Schriften in Nag-Hamadi gefunden wurde und gewissen Gnostikern bekannt gewesen ist, zum Beispiel den Naassenern und Manichäern?

Das scheint mir ein durchaus falscher Schluss!

Auch das *Johannesevangelium* war den Gnostikern teuer.[3] Und es ist nicht ausgeschlossen, dass gewisse Lesarten in ägyptischen Handschriften wie das berühmte ὁ μονογενὴς θεός (Joh. 1, 18) im *Papyrus*

---

[1] W. Till, *Das Evangelium nach Philippos*, Berlin 1963, S. 48, 30.
[2] L. 96; L. 97; L. 113, und öfters.
[3] Ed. Massaux, *Quelques Variantes Importantes de P. Bodmer III et leur Accointance avec la Gnose*, N.T.S., 5, 1959, S. 210-212.

Bodmer 15 und von dritter Hand im *Codex Sinaiticus* valentinianischer Herkunft sind. Findet es sich doch, wie Theodor Zahn gezeigt hat, zuerst bei den Valentinianern.[1] Und diese Lesart setzt voraus, dass der ewige Logos sich nicht nur in der geschichtlichen Zeit um 30 nach Christus, sondern ewig im Pleroma offenbart hat.

Man kann Johannes nicht für derartige gnostische Änderungen verantwortlich machen. Dasselbe gilt für den Autor des *Thomasevangeliums*.

Denn man soll eine Schrift nicht nach der Auffassung der Leser, sondern *e mente auctoris* interpretieren. Der Sinn von ,,Thomas'' aber ist nicht gnostisch, sondern enkratitisch!

Deshalb halte ich es für geradezu irreführend, dass immer wieder gnostische Parallelen herangezogen werden, um das *Thomasevangelium* zu steinigen. Denn dadurch liest man einen falschen Sinn hinein und macht klare Sprüche undeutlich. Das kann nicht Aufgabe der Wissenschaft sein. Aufgabe der Wissenschaft ist: *e fumo dare lucem*. Natürlich ist es möglich, dass im Laufe der Jahrhunderte (der koptische Kodex stammt ja aus dem 4. Jahrhundert) einige gnostische Logien in den ursprünglichen Text interpoliert worden sind. Das lässt sich aber nicht beweisen.

Und es findet sich im Thomasevangelium kein Logion, das nicht vom Enkratismus oder vom Judenchristentum her erklärt werden könnte.

---

[1] Th. Zahn, *Geschichte des Neutestamentlichen Kanons*, I, 2, 1889, S. 736.

VIII

AUSBLICK

Das Bild der Kirchengeschichte Syriens hat sich geändert. An die Stelle der Behauptungen, das syrische Christentum sei von Anfang an katholisch oder gnostisch gewesen, traten wichtige Beobachtungen und Entdeckungen.

Arthur Vööbus schrieb seine *Geschichte der Askese im syrischen Orient*[1], in welcher er ausführte, dass diese Askese ein Erbe des palästinensischen, jüdischen Christentums sei. Da wurde auf einmal klar, dass es neben dem lateinischen und dem griechischen Christentum ein semitisches Christentum gegeben hat, von palästinensischer Herkunft, das im grossen und ganzen unabhängig von Paulus und dem hellenistischen Heidenchristentum war.

Allerdings hat Vööbus den Beitrag des hellenistischen Enkratismus unterschätzt. So kam er dazu, manichäischen Einfluss auf die syrische Askese anzunehmen. Unsere Arbeit hofft diese Einseitigkeit des grössten Syrologen unserer Zeit einigermassen aufgehoben zu haben. Wenn Mani das *Thomasevangelium* gekannt hat – und er hat es gekannt, wie aus der Einleitung der *Epistula Fundamenti* und den manichäischen Psalmen hervorgeht[2] –, dann hat wohl eher die christliche Askese Syriens den Manichäismus beeinflusst. Es ist eine dringende Aufgabe der Gegenwart, dem Einfluss des Enkratismus auf Mani nachzugehen und zu untersuchen, inwieweit der Hellenismus, welcher doch zweiffellos bei Makarius vorliegt, durch den Enkratismus vermittelt worden ist.

Grundlegend für die Gründung des Manichäismus ist die Begegnung Manis mit seinem Zwillingsbruder. Dieser Zwilling aber ist der Geist: *qui se mira superbia adsumptum a gemino suo, hoc est spiritu sancto, esse gloriatur.*[3] Erik Peterson hat dargestellt, dass dies die Theologie Tatians voraussetzt, nach welcher der Geist der Syzygos der Seele ist.[4] Und, wie wir oben sahen, schon Lukian kennt die Vor-

---

[1] A. Vööbus, *History of Ascetism in the Syrian Orient*, I, Louvain 1958; II, Louvain 1960.
[2] H.-Ch. Puech, in: Neutestamentliche Apokryphen, 3, I, S. 203.
[3] Euodius, *De Fide*, 24, S. 961 Zycha.
[4] *Frühkirche, Judentum und Gnosis*, Rom 1959, S. 205.

stellung, dass das Eidolon die Eikōn, das Ebenbild und der Zwilling
des Menschen ist. Hier, könnte man sagen, sieht man an einem Beispiel, wie eine hellenistische Vorstellung in christlicher Umbildung
zu Mani gekommen ist. Andrerseits sahen wir, dass das Dogma der
Sammlung der zerstreuten Glieder, das grundlegend für den Manichäismus ist, vor Mani schon Tatian bekannt war. Auch hier hat
wohl der Enkratismus zwischen westlichen Hellenismus und orien-
talischem Manichäismus vermittelt.

Wenn wir auch den Einfluss des Manichäismus auf die syrische
Askese (und auf den Messalianismus) bestreiten, so wollen wir doch
gerne anerkennen, dass es Vööbus gewesen ist, welcher die judenchristlichen Ursprünge des syrischen Christentums wieder ans Licht
gebracht hat.

Auch über die *Thomasakten* urteilt man jetzt anders als früher:
A. F. J. Klijn hat die judenchristlichen Hintergründe der Thomas-
akten in seinem Kommentar aufgezeigt und bewiesen, dass die
Thomasakten (und das Perlenlied) nicht gnostisch sind.[1]

Allerdings meint Klijn, dass die Christen, welche für die *Thomasakten* verantwortlich sind, aus dem Westen nach Edessa gekommen
sind.[2] Das stimmt, wenn er damit die Enkratiten meint. Die *Thomasakten* sind ja enkratitisch und verkünden die Ehescheidung als die
zentrale christliche Lehre. Es muss aber betont werden, dass schon
vorher Judenchristen aus Palästina das Evangelium nach Edessa
gebracht haben müssen.

Schliesslich hat Drijvers gezeigt, dass Bardesanes kein Gnostiker
war.[3]

Die gnostische Hypothese konnte so lange verführerisch sein, als
man meinte, dass der Ursprung der Gnosis im Iran zu suchen sei und
dass die Gnosis über Mesopotamien nach Palästina und die hellenistischen Länder gekommen sei. Diese These ist heute widerlegt. Durch
die Schriften von Nag-Hamadi wissen wir jetzt, dass der Gnostizismus
in der Nähe des Judentums entstanden ist. Einer der Gründer war
sicher Simon Magus von Samarien, ein anderer Cerinthus, ein jüdischer Christ.[4] Ob das nun Juden waren oder nicht, tut nichts zur

---

[1] A. F. J. Klijn, *The Acts of Thomas*, Leiden 1962.

[2] id., *The Influence of Jewish Theology on the Odes of Solomon and the Acts
of Thomas*, Aspects du Judéo-Christianisme, Paris 1965, S. 167-179.

[3] H. J. W. Drijvers, *Bardaisan of Edessa*, Assen 1966, S. 224.

[4] Ueber Cerinthus, siehe: H. Wolfson, *The Philosophy of the Church Fathers*,
I, Cambridge (Mass.), 1964, S. 504-512.

Sache. Hegel und Schelling sind aus dem Pietismus hervorgegangen und blieben ihrer Ansicht nach Christen, auch als sie den persönlichen Gott der Bibel verwarfen. Können nicht so auch gerade Juden zur Rebellion gegen den Demiurgen gekommen sein, zumal die gnostische Lehre, dass der Demiurg ein Engel, und nicht der höchste Gott sei, schon bei der vorchristlichen jüdischen Sekte der Magharier bestand?[1]

Ob es nun Juden waren oder nicht, welche im ersten Jahrhundert den Gnostizismus begründeten, sicher ist, dass dieser sehr stark vom Judentum beeinflusst worden ist.[2] Weil wir nun gar nicht wissen, ob es in Edessa im zweiten Jahrhundert christliche Gnostiker gegeben hat, und ausserdem die Hypothese vom iranischen erlösten Erlöser widerlegt ist[3], sollte man endlich aufhören, die Entwicklung des syrischen Christentums mit dem Gnostizismus in Verbindung zu setzen.

Das syrische Christentum hat sich aus sich selbst ohne gnostischen Einfluss entwickelt, von ,,Thomas" bis ,,Makarius"!

Und soweit es Elemente enthält, welche man wegen mangelnder Begriffsbildung gnostisch zu nennen pflegt, sind sie dem (alexandrinischen) Enkratismus entnommen.

Wenn man aber den Begriff der Gnosis ausschaltet, bekommt man eine bessere Sicht auf die Eigenart und Kontinuität des syrischen Christentums. Man stellt fest, dass dort Jahrhunderte lang Enkratiten zur Kirche gehörten und dass dieses Christentum nicht eigentlich katholisch ist, sofern man unter Katholizismus *die* Fassung des Christentums versteht, welche durch die Betonung des Bischofsamtes und der Sakramente charakterisiert wird.

Der Katholizismus wird dann *eine* Entwicklung, nicht *die* Entwicklung des Urchristentums....

---

[1] H. Wolfson, *The Preexistent Angel of the Magharians and Al-Nahāwandi*, The Jewish Quarterly Review, LI, 2, 1960, S. 89-106.

[2] Weil das jetzt allgemein anerkannt wird, verweise ich nur auf die ältere Literatur:
Christliche Gnosis und jüdische Heterodoxie, Evangelische Theologie, 14, 1954, S. 1-11;
Der Gnostische Anthropos und die jüdische Tradition, Eranos-Jahrbuch XXII, Zürich 1954, S. 195-234;
G. Scholem, *Jewish Gnosticism etc.*, New York 1960.

[3] U. Bianchi, *Le problème des origines du Gnosticisme et l'histoire des religions*, Numen XII, 3, (1965), S. 163-178.

Wir sehen dann auch, was die Kirchengeschichte den Syrern zu verdanken hat.

Der Asket der ägyptischen Wüste verrät durch seinen syrischen Namen, abba, seine Herkunft; aber auch der pilgernde Mönch, der in der Wüste seine ξενιτεία, seine Wanderung fortsetzt, handelt nach syrischen Vorbildern.[1] Überhaupt ist das Wort Mönch, μοναχός, eine Übersetzung des syrischen īḥīdājā, das seinerseits wieder auf das hebräische jaḥid zurückgeht.

So sind denn die wandernden Heiligen, welche Europa gegründet haben, Columbanus, Willibrord, Bonifazius, durch die Vermittlung der irischen *peregrinatio*, die Erben der syrischen Wanderer.[2] *Peregrinus* ist die Übersetzung von ξένος, Wanderer.

Es hat sicherlich symbolischen Charakter, dass Bonifazius auf seinen Reisen eine lateinische Version des *Diatessarons* Tatians, den *Codex Fuldensis*, bei sich hatte. Denn auch das *Diatessaron* verdankt der Westen Syrien. Und man weiss, wie zahllose Übersetzungen des *Diatessarons* im Mittelalter in Umlauf waren, toskanische, venetianische, englische, niederländische und deutsche.

Auch für die Geschichte der Mystik hat Syrien seinen Beitrag geliefert. Aus syrischen Voraussetzungen ist die Mystik des Makarius erblüht, welche die ganze Christenheit, zuerst Gregor von Nyssa, am meisten aber den Pietismus, so stark beeinflusst hat. Man wird nicht mehr sagen können, dass die christliche Mystik ein Fremdkörper sei, welcher ganz dem Neuplatonismus zu verdanken wäre.[3]

Vom Neuplatonismus finde ich bei Makarius nichts. Bei ihm wird deutlich, wie das Christentum aus sich heraus eine Mystik erzeugen konnte, welche innerchristliche, enkratitische und judenchristliche Voraussetzungen hat und mit dem eschatologischen Urchristentum Jerusalems Verbindungen hatte.

---

[1] Vergleiche z.B. Apophthegmata Patrum, Migne, P.G., 65, S. 256: Ἠρώτησεν ὁ ἀββᾶς Λογγῖνος τὸν ἀββᾶν Λούκιόν ποτε τρεῖς λογισμούς, λέγων· θέλω ξενιτεῦσαι. Λέγει αὐτῷ ὁ γέρων·Ἐὰν μὴ κρατήσῃς τῆς γλώσσης σου, οὐκ εἶ ξένος, ὅπου ἐὰν ἀπέλθῃς.

Richtig Karl Heussi, *Der Ursprung des Mönchtums*, Tübingen 1936, S. 207: ,,Genetisch wird die asketische Wüstenwanderung mit dem charismatischen Wanderlehrertum der alten Zeit zusammenhängen''. Mir scheint es, dass das palästinensische Wanderlehrertum zuerst nach Ost-Syrien gekommen ist und von dort nach Ägypten.

[2] H. Waddell, *The Wandering Scholars*, Pelican Books A 518, Appendix E, S. 264-287.

[3] E. R. Dodds, *Pagan and Christian in an Age of Anxiety*, Cambridge, 1965, S. 99.

Dann aber sehen wir auch, dass Makarius gerade für die orientalische Mystik eine grosse Bedeutung gehabt hat.

Er gehört durchaus zum syrischen, semitischen Christentum, wenn er auch seine Werke in griechischer Sprache verfasst hat. Er ist der erste syrische Mystiker, und als solcher kündigt er das Kommen der orientalischen Mystik, sie sei christlicher oder mohammedanischer Konfession, an.

Es ist wahr, dass deren Geschichte ohne die Befruchtung durch den alexandrinischen Hellenismus nicht möglich gewesen wäre! Und in der Tat finden wir noch bei Makarius deutliche Spuren des alexandrinischen Enkratismus.

Es muss aber im palästinensischen Christentum und seiner Eschatologie irgendwie die Potentialität zur Mystik dagewesen sein: sein Abschied von der Welt, sein Glaube an die Salbung mit dem Geist. So hat das jüdische Christentum auf verborgenen Wegen seine Geschichte und Wirkung auch in Asien gehabt.

Es lebt nicht nur fort im Nestorianismus, der während tausend Jahren eine der Hauptreligionen Asiens war, sondern auch, unterirdisch, im Islam, im Manichäismus und in der orientalischen Mystik.

REGISTER DER BIBELSTELLEN

PERSONENREGISTER

Achelis, H., 3, 33[1], 93[1]
Adam, A., 39, 69[1], 107[4]
Arndt, J., 1
Arnold, G., 1
Baarda, Tj., 45[3]
Baker, A., 22, 23[1]
Bauer, F. C., 72
Bauer, J., 65
Bauer, W., 7[3], 66
Beck, E., 27[1]
Benz, E., 1[2]
Beutler, R., 69[2]
Bianchi, U., 116[3]
Black, M., 82[3], 83
Blond, G., 73[1]
Böhlig, A., 5[1]
Bolgiani, F., 47[2], 72[2]
Bornkamm, G., 39
Bouyer, L., 2[1]
Brown, R. E., 78, 100[1]
Bultmann, R., 102[2]
Burkitt, F. C., 9[3], 82[2]

Chadwick, H., 37[5], 73[2], 102, 103[1]
Crum, W. E., 54, 68[3]

Daube, D., 61[1]
Detienne, M., 51[1]
Dibelius, M., 51
Dodds, E. R., 58[1], 117[3]
Dörr, F., 14[1]
Dörries, H., 1[3], 2[2], 8[2], 8[3], 9[2], 11[2], 22[2], 24, 30[2], 32[5], 35[1], 37[1], 100[3]
Drijvers, H. J. W., 67[1], 115

Elze, M., 6[2]

Fitzmyer, J. A., 71[1], 107[1]
Flemming, J., 33[1], 93[1]
Freedman, D. N., 65[3]

Gaertner, B., 65
Ginsberg, L., 29[1], 57[1], 59[2]
Goodspeed, E., 14[3], 102[3]
Grant, R. M., 65

Guillaumont, A., 77, 108[2]

Haenchen, E., 65, 66[1]
Haffner, A., 21[3]
Halm, C., 104[1]
Hauler, E., 93[1]
Hegel, G. W. F., 72
Heussi, K., 117[1]
Holl, K., 2[4]

Iersel, B. M. F. van, 77[2]

Jaeger, W., 2, 3, 27
Jeremias, J., 18[6], 19, 21[1], 45, 70[1], 78[5], 80[2]
Jonas, H., 39, 46

Kierkegaard, S., 72
Klijn, A. F. J., 6[4], 23[2], 32[3], 39[1], 48[1], 60, 115
Kmosko, M., 3[2], 7[4], 11[3], 36[1], 63, 74, 90[1]
Koester, H., 18[5], 19, 23, 75[2]
Kretschmar, G., 12[1], 37[3]
Krivochéine, B., 2[3]

Leloir, L., 45[2]
Lipsius-Bonnet, 52[1], 110[1]

Marriott, G. L., 1[3], 28[1], 106[1]
Massaux, E., 112[3]
Messina, G., 78[4]
Meyer, R., 31[2]
Montefiore, H. W. H., 96[1]
Mooi, R. J., 1[1]

Nauck, A., 103[2]
Nautin, P., 88[1]
Nes, H. M. van, 78[3]
Nock-Festugière, 83[3]

Ortiz de Urbina, 5[3]

Peeters, C., 111[1]
Peterson, E., 57[2], 114

AUTORENREGISTER

FRÜHCHRISTLICHE AUTOREN

JÜDISCHE AUTOREN

GRIECHISCH-LATEINISCHE AUTOREN